GESTÃO DE PESSOAS

Práticas de recursos humanos na era digital

Dados Internacionais de Catalogação na Publicação (CIP)
(Jeane Passos de Souza – CRB 8ª/6189)

    Gestão de pessoas: práticas de recursos humanos na era digital / organização de Juliana A. de O. Camilo. – São Paulo: Editora Senac São Paulo, 2020.

    Bibliografia.
    ISBN 978-65-5536-130-8 (impresso/2020)
    e-ISBN 978-65-5536-131-5 (ePub/2020)
    e-ISBN 978-65-5536-132-2 (PDF/2020)

    1. Gestão de pessoas 2. Gestão de pessoas – Era digital 3. Recursos humanos – Novas tecnologias I. Camilo, Juliana A. de O.

20-1134t   CDD – 658.3
                          BISAC BUS030000

Índice para catálogo sistemático:
1. Gestão de pessoas : Administração de empresas 658.3

GESTÃO DE PESSOAS

Práticas de recursos humanos na era digital

Juliana A. de O. Camilo
(org.)

Editora Senac São Paulo – São Paulo – 2020

ADMINISTRAÇÃO REGIONAL DO SENAC NO ESTADO DE SÃO PAULO
Presidente do Conselho Regional: Abram Szajman
Diretor do Departamento Regional: Luiz Francisco de A. Salgado
Superintendente Universitário e de Desenvolvimento: Luiz Carlos Dourado

EDITORA SENAC SÃO PAULO
Conselho Editorial: Luiz Francisco de A. Salgado
Luiz Carlos Dourado
Darcio Sayad Maia
Lucila Mara Sbrana Sciotti
Jeane Passos de Souza

Gerente/Publisher: Jeane Passos de Souza (jpassos@sp.senac.br)
Coordenação Editorial/Prospecção: Luís Américo Tousi Botelho (luis.tbotelho@sp.senac.br)
Dolores Crisci Manzano (dolores.cmanzano@sp.senac.br)
Administrativo: grupoedsadministrativo@sp.senac.br
Comercial: comercial@editorasenacsp.com.br

Edição e Preparação de Texto: Rafael Barcellos Machado
Coordenação de Revisão de Texto: Luiza Elena Luchini
Revisão de Texto: Lucimara Carvalho
Projeto Gráfico e Capa: Antonio Carlos De Angelis
Editoração Eletrônica: Marcio da Silva Barreto
Imagem da Capa: iStock
Impressão e Acabamento: Gráfica CS

Proibida a reprodução sem autorização expressa.
Todos os direitos reservados à

EDITORA SENAC SÃO PAULO
Rua 24 de Maio, 208 – 3º andar – Centro – CEP 01041-000
Caixa Postal 1120 – CEP 01032-970 – São Paulo – SP
Tel. (11) 2187-4450 – Fax (11) 2187-4486
E-mail: editora@sp.senac.br
Home page: http://www.livrariasenac.com.br

© Editora Senac São Paulo, 2020

Sumário

Nota do editor, 7

Apresentação | *Weber Niza*, 9

1. **A 4ª Revolução Industrial: significado e demandas**, 17
   João Gonçalves Monteiro Júnior

2. **Repensando a gestão de desempenho**, 27
   Jussara Lemos Soares Penhalbel

3. **O aprendizado 4.0: novas práticas em educação corporativa**, 43
   João Carlos Destro Mendes

4. **Gamificação com jogos digitais para alavancar habilidades de planejamento estratégico e liderança**, 59
   Fernando Correa Grisi

5. **Novas práticas de recrutamento e seleção**, 71
   Caroline Mihailovici

6. ***Employer branding*: o poder da atração, retenção e engajamento de uma marca empregadora**, 81
   Myrt Thânia de Souza Cruz

7. **A experiência do colaborador na prática**, 91
   Claudiney Tieppo

8. **O uso do *big data* e da inteligência artificial na área de RH**, 109
   Rovilson de Freitas

9. ***Dashboard* de *key performance indicator*, 119**
   Ricardo Pantozzi e Juliana A. de O. Camilo

10. **Sobre a qualidade de vida no trabalho na 4ª Revolução Industrial, 131**
    Juliana A. de O. Camilo e Rafael Cordeiro Camilo

11. **A transformação do RH, 143**
    Jussara Lemos Soares Penhalbel

Considerações finais | *Eryka Paulino*, 157

Sobre a organizadora, 161

Nota do editor

"As transformações sociais da atualidade exigem dos profissionais de todas as áreas e, principalmente, das áreas de gestão de pessoas, a busca por novas formas de trabalho e o desenvolvimento de novas habilidades e competências."

É impressionante testemunhar em primeira mão essas vigorosas transformações sociais ocorridas nas últimas duas décadas, com a tecnologia mediando relações e abrindo oportunidades de negócios e de disrupção antes impensáveis. E as relações de trabalho estão entre as áreas mais afetadas por essas inovações. Certamente, se conseguíssemos trazer um trabalhador do início do século XX para passar um dia em uma empresa atual, o estranhamento seria grande. Contudo, às vezes nós mesmos, que vivemos essa realidade no dia a dia, ficamos um tanto desnorteados com tantas e tão rápidas alterações.

Para nos ajudar a entender melhor esse cenário e o futuro que estamos construindo, o Senac São Paulo lança *Gestão de pessoas: práticas de recursos humanos na era digital*, uma coletânea de artigos que se debruçam sobre as transformações específicas que têm sido promovidas na e pela área de gestão de pessoas. Com esta obra, busca-se entender as novas formas de trabalho e as habilidades e competências exigidas dos profissionais e das empresas em decorrência da 4ª Revolução Industrial. Uma valiosa contribuição para o debate sobre as práticas de RH na era digital.

Apresentação

A transformação é uma condição *sine qua non* do ser humano. Basta observarmos a história: seja pelo âmbito antropológico, sociológico, econômico ou político, sempre encontraremos pessoas e contextos em processos de evolução, de revolução ou de disrupção. A cada geração, empilham-se novos desafios e novas oportunidades que nos levam a concluir que estamos em eterno estado de mudança, o que gera um eterno estado de atenção e tensão.

Existem pontos de inflexão na história, verdadeiros marcos que catapultam a humanidade a uma nova dimensão e que são caracterizados por uma aceleração das mudanças estruturais do mundo.

Imagine as mudanças estruturais que ocorreram quando, na Idade da Pedra, surgiram as primeiras ferramentas de pedra lascada e foi descoberto o fogo; ou quando, na Idade dos Metais, começou a ser desenvolvida a metalurgia; ou na Idade Antiga, com a invenção da escrita e o surgimento de civilizações; ou quando, na Idade Média, desenvolveu-se o comércio e ampliaram-se as migrações; ou, na Idade Moderna, com a ascensão do capitalismo, a Era dos Descobrimentos e o Renascimento; ou quando, finalmente, na Idade Contemporânea (na qual ainda nos encontramos), foi realizada a Revolução Francesa e iniciada a Revolução Industrial.

Se nos aprofundarmos na Revolução Industrial, encontraremos quatro fases distintas (dependendo dos autores, essa descrição e categorização podem mudar). A primeira começa em meados de 1760, na Inglaterra, a partir do setor têxtil; a segunda começa em meados de 1910, com a descoberta da energia elétrica e o uso do petróleo como combustível; a terceira começa em 1950 e marca o início da revolução tecnológica, notadamente pelo desenvolvimento da eletrônica, o que permitiu o início da automação nas indústrias (por meio dos CLPs: controladores lógicos programáveis); e a quarta inicia por volta de 2010, sendo marcada pelo poder exponencial do conhecimento e da comunicação.

Entre a terceira e quarta, uma invenção mudou tudo – a internet. Ela remonta ao ano de 1969, quando foi ativada a ARPANET, um projeto predominantemente militar que pode ser considerado o ancestral da internet moderna (que viria a ser constituída e estruturada, como a conhecemos hoje, por Tim Bernes-Lee em 1992, ou seja, menos de três décadas atrás). O desenvolvimento da internet acelerou demasiadamente os campos da ciência relacionados à tecnologia, à informática, à computação e ao digital. Estamos na era do poder transformador das tecnologias e da exponencial digitalização de praticamente tudo. Uma das características marcantes dessa era é a alta velocidade das mudanças, o que provoca uma sensação de que sempre estamos atrasados ou perdendo algo.

Nesse turbilhão da 4ª Revolução Industrial, nosso dia a dia é invadido por temas complexos, tais como *social networking*, inteligência artificial, internet das coisas (IoT), *blockchain, big data, robotic process automation* (RPA), segurança cibernética, impressão 3D, *machine learning*, realidade virtual e aumentada (A&VR), assistentes de voz (tais como Alexa, Siri e outras), *chatbots*, computação em nuvem, aplicativos móveis, banda larga 5G, computação quântica e reconhecimento facial. Se você é cético em relação à 4ª Revolução Industrial e aos impactos que esses temas têm na nossa vida cotidiana, vale a pena estudar a fundo quatro casos interessantes que comprovam os impactos transformativos dessa era:

» ***Social networking* e a transformação das relações**: Em 2004, nascia o Facebook, atualmente a rede social mais famosa do mundo, com bilhões de usuários e que, segundo um relatório divulgado pela Dubai School of Government (2011), é essencial para a disseminação e o fortalecimento de manifestações populares. Por exemplo, na Tunísia, o número de usuários cadastrados no Facebook aumentou consideravelmente durante a Primavera Árabe, quando os tunisianos foram às ruas protestar contra o presidente Zine el Abidine Ben Ali, que estava no poder há 23 anos. O impacto disso foi que, entre os anos de 2010 e 2012, a Primavera Árabe desmantelou o *status quo* político em 22 países.

» **Aplicativos móveis e a revolução dos modelos de negócio**: Temos dois exemplos de empresas que revolucionaram o mercado com modelos de negócio totalmente diferentes dos players tradicionais: primeiro, o Uber, fundado em 2009 por Garrett Camp e Travis Kalanick a partir de uma ideia simples: solicitar uma viagem de táxi pelo celular. O que era apenas uma ideia, logo se transformou em uma marca global que vale bilhões de dólares – a maior empresa de táxi do mundo, sem ser proprietária de uma enorme frota de veículos. Segundo, o AirBnb, criado em 2008 pelos então estudantes de design Nathan Blecharczyk, Brian Chesky e Joe Gebbia. Sem dinheiro para pagar o aluguel do apartamento onde moravam em São Francisco, Califórnia, e à procura de um novo projeto, eles decidiram alugar alguns espaços dentro do apartamento deles e acharam a oportunidade ideal para começarem seu negócio. Hoje, o AirBnb é uma das maiores empresas de serviços de hospedagem do mundo, sem possuir ativos imobiliários.

» **Inteligência artificial e a revolução dos cérebros computacionais**: Desde o ano de 1950, quando Alan Turing propôs uma máquina de aprender que simulasse os princípios da evolução, a inteligência artificial tem passado por períodos de euforia. A IBM, por exemplo, desenvolveu o Watson, que em 2011 foi protagonista de uma façanha, ao vencer todos os seus adversários no jogo Jeopardy (famoso jogo de perguntas e respostas da TV Americana), e desde então vem sendo usado em diversos campos.

» **Computação em nuvem e a revolução do comércio**: em julho de 1994, Jeff Bezos, fundador da Amazon, lançou um singelo comércio *on-line* para vender livros. Hoje, a empresa vale 1 trilhão de dólares e é responsável por uma parte importante do varejo em muitas localidades no mundo, o que levou o varejo tradicional (as lojas físicas) a buscar alternativas diferentes de sobrevivência e evolução.

A 4ª Revolução Industrial denota uma alta velocidade das mudanças – é a tempestade perfeita, expressão criada nos meios militares americanos nos anos 1980 e que hoje está sendo amplamente empregada no mundo organizacional. As características da tempestade perfeita são resumidas pelo acrônimo VUCA, que significa *volatility*, *uncertainty*, *complexity* e *ambiguity* (volatilidade, incerteza, complexidade e ambiguidade).

Estamos em um contexto VUCA, e se estamos eternamente em estado de mudança, deveria ser natural o ato de mudar. Porém, não é bem assim. Como seres humanos, também somos naturalmente resistentes às mudanças. Pessoalmente, acredito que a resistência ao novo seja um mecanismo psicológico (individual e social) que usamos para minimizar os eventuais efeitos negativos que uma mudança pode gerar.

Aprecio bastante a teoria da psiquiatra suíça Elisabeth Kubler-Ross, que se especializou em estudar doenças terminais. Foi a partir da observação do que ocorria com familiares e amigos após o falecimento de um ente querido que ela desenvolveu, em 1969, os cinco estados do luto pelos quais as pessoas passam após uma perda (que, em última análise, é uma mudança).

A teoria de Kubler-Ross descreve cinco momentos psicológicos distintos: negação, resistência, barganha, exploração e aceitação. Todas as pessoas que passam por uma mudança também passam por esses estados psicológicos. Logo no início do processo, a pessoa passa por um estágio de negação, no qual é comum pensar que a mudança é passageira ou irreal; depois, por um estágio de resistência, em que é comum sentir raiva, frustação e falta de paciência; em seguida, a pessoa passa por um estado de barganha, no qual é comum se sentir rendida, ou seja, sua resistência se torna inócua e ela começa a barganhar flexibilidades e adaptações, como se estivesse tentando reduzir a dor da mudança; posteriormente, a pessoa passa pela exploração, quando se costuma pensar em uma nova realidade, iniciando-se o processo de adaptação; e, finalmente, a pessoa passa pela aceitação, em que é comum adaptar-se às mudanças. Atualmente, esses estados são bastante empregados nas estratégias de gestão das mudanças organizacionais.

Agora, chegamos a uma equação complexa: tudo muda sempre. Atualmente, a velocidade da mudança é muito alta (talvez a maior de todos os tempos), e nós apresentamos naturalmente resistência às novidades. Podemos até forçar uma metáfora, parafraseando uma máxima atribuída a Darwin, que alude à sobrevivência do mais apto (os biólogos preferem a expressão seleção natural), para afirmar que é uma questão de sobrevivência sermos dotados de capacidade de flexibilidade e adaptabilidade.

Esse modesto remonte introdutório não tem o objetivo de ser um categórico científico, mas serve apenas para fundamentar por que é importante discutirmos a transformação dos recursos humanos. A necessidade de transformação colide com tudo e com todos, de forma que precisamos ressignificar o propósito e a estratégia de recursos humanos, assim como o perfil e as competências dos profissionais que atuam nessa área.

A área de recursos humanos – entendida como ciência, como arte ou como uma mistura dos dois – é imprescindível para manejarmos a evolução dos negócios, sejam eles privados, públicos ou não governamentais. Basta lembrarmos que uma organização humana (seja de qual natureza ela for) possui três elementos (ou gêneros) principais: estrutura, processos e seres humanos. Dessa forma, a imprescindibilidade dos recursos humanos fica óbvia, dado que atua diretamente com o elemento ser humano e, por consequência, indiretamente com os outros dois elementos.

Podemos estruturar essa ressignificação de recursos humanos sobre quatro ângulos principais. O primeiro trata do propósito do RH; o segundo trata das disciplinas de RH; o terceiro trata do modo de funcionamento do RH; e o quarto trata do impacto que o RH tem nos negócios.

Sobre o propósito do RH, acredito que a primeira provocação seja refletir se essa é uma área de apoio, de suporte, de alavanca ou de mudança. Para mim, nas últimas décadas fomos migrando de área de apoio (meramente administrativa, que servia tão somente para proteger as empresas do risco que as atividades humanas geravam) para uma área respeitada e estratégica, copiloto na condução da empresa. Assim, minha convicção é a de que o novo propósito do RH seja o de ser coautor e copiloto protagonista da transformação da empresa.

Há elementos imprescindíveis para que isso ocorra. O RH não pode ser só reativo, nem só proativo, mas deve ser eminentemente prospectivo – as lentes usadas são bem diferentes. No modo reativo, o RH usa lentes do passado porque atua sobre algo que já ocorreu. No modo proativo, o RH usa lentes do presente porque atua sobre algo que está ocorrendo. E no modo prospectivo, o RH usa lentes do futuro e atua para construir o caminho até lá. Nesse ínterim, constrói a estratégia decodificando o futuro e transformando as ações de RH em alavancas de perenidade e conquista para o negócio em que atua (independentemente da natureza da atividade). Em síntese, o novo propósito do RH mira o futuro, decodifica necessidades e oportunidades presentes e constrói os elementos para se chegar lá, ou seja, é protagonista da transformação.

Sobre as disciplinas de RH, acredito que devemos analisar dois conjuntos: as já conhecidas e as novas. As disciplinas conhecidas são o conjunto de disciplinas tradicionais que se manterão, tais como recrutamento e seleção e administração de pessoal, mas que serão totalmente repaginadas, atualizadas e ficarão antenadas com a transformação dos nossos tempos. Por exemplo, se antes o recrutamento e seleção se resumia a atos administrativos de checagem, seleção de currículos e entrevistas, hoje essa disciplina deve ser entendida como parte da estratégia para a aquisição e a formação de um celeiro de potenciais talentos.

Já as disciplinas novas são aquelas que estão chegando e deverão tomar mais e mais espaço, por causa dos impactos positivos que podem trazer. Por exemplo, *talent analytics*, que vai aproveitar os avanços exponenciais em *big data*, internet das coisas e inteligência artificial; futuro do trabalho, que agrega e vai além do conjunto de disciplinas tradicionais ligadas à avaliação de desempenho; e *workforce planning*, que precisa entender o que acontecerá no futuro, antecipar com precisão que habilidades se tornarão redundantes nos negócios, quais se tornarão mais procuradas e quais atualmente não existem, mas serão críticas nos próximos cinco anos. É a gestão de mudanças que vai projetar como conduzir os colaboradores (equipes e gestores) pelas transformações, levando em consideração os estados psicológicos pelos quais as pessoas passam (já aludido acima) e objetivando minimizar riscos e diminuir o tempo da curva de reaprendizagem.

É necessário, em paralelo à reflexão sobre as disciplinas de RH, refletir sobre as habilidades dos profissionais de RH, pois há um conjunto de habilidades e conhecimentos já conhecidos e que continuarão sendo importantes, assim como um conjunto de habilidades e conhecimentos ainda desconhecidos, mas que serão inerentes ao dia a dia. Por exemplo, *data analytics*, *people analytics*, *design thinking*, métodos ágeis, técnicas de *storytelling*, transformação cultural, RH digital, estratégia prospectiva, plataformas de mídias sociais, experiência dos usuários e clientes, gestão de mudanças, entre outras. É simplesmente mortal não ter um plano claro e estruturado de *reskilling* e *upskilling* da equipe de RH, assim como o é não ter a clareza das disciplinas que precisam ser repaginadas, criadas ou desenvolvidas.

Sobre o modo de funcionamento do RH, a provocação é que o RH deve ser exemplo de um *design* organizacional que privilegie a cooperação, a interdependência e a organicidade em vez da competitividade, da dependência (ou independência) e da rigidez. Infelizmente, isso é mais fácil de falar do que de fazer, seja porque o RH não é uma ilha (sendo, portanto, influenciado pelas demais áreas da empresa), seja porque somos naturalmente resistentes à mudança (como já aludido).

Podemos iniciar refletindo sobre as seguintes perguntas: Como as equipes de RH trabalham entre si? Como trabalham com outras áreas da empresa? Que visão o RH possui como cliente interno? Que interconexão realiza entre os projetos? Qual é o grau de eficiência operacional das entregas de RH? Qual é o nível de escuta que a área possui em relação à coerência? Qual é o impacto das entregas realizadas? Quantos silos existem dentro do próprio RH? Qual é o grau de conexão e a relação entre a área de RH e os ecossistemas de parceiros externos (outras empresas, outras organizações, *startups*)? O desafio é grande, mas a meta continua – devemos buscar que o RH seja exemplar.

Sobre o impacto que o RH tem nos negócios, a principal questão não é definir os impactos internos, mas os de negócio. Por exemplo, podemos medir as horas de treinamento técnico (impacto interno), ou podemos medir o aumento do faturamento como consequência da melhora da competência técnica (impacto de negócio). O RH deve perseguir impactos de negócio em todas as suas atividades. Então, o aclamado *people analytics* constitui indicadores de RH, analisando de forma prospectiva o que isso tem a ver com a satisfação dos clientes da organização (visão centrada no consumidor) e, em consequência, com o resultado operacional, a lucratividade ou a rentabilidade do negócio.

Em relação ao impacto nos negócios, também deve-se analisar o quanto as equipes, as atividades e os produtos de RH estão voltados para a *user experience* (UX, ou experiência do usuário) e a *customer experience* (CX, ou experiência do consumidor). UX e CX devem ser cultura do RH, ou seja, nada é mais importante do que produzir um RH sob o ponto de vista do usuário (cliente interno) e do consumidor da organização (cliente externo). As questões estão interligadas, de forma que se a equipe de RH não tiver as habilidades de *design thinking*, *storytelling* e métodos ágeis, todo o investimento e esforço em analisar a jornada do colaborador (*employee journey*) e a jornada do consumidor (*customer journey*) parecerão letra vazia.

Nenhuma dessas abordagens será verdadeiramente impactante se as crenças de quem está conduzindo o RH não forem corretas. Para mim, a principal crença é acreditar no ser humano, acreditar que cada um tem as condições de se desenvolver e atingir seus resultados, sendo autônomo e responsável, de modo que, ao final, todos sejam líderes. Outra crença forte, para mim, é no coletivo: acreditar que a cooperação é melhor que a competição e que a diversidade e a inclusão são elementos diferenciais e estruturantes do melhor tecido humano. A terceira e fundamental crença, para mim, é na aprendizagem e na reaprendizagem contínua: acreditar que o que sabemos hoje é menos importante do que a nossa capacidade de adquirir novos conhecimentos, e que, mais forte do que a imposição de um conceito, é a capacidade de associar diferentes conceitos e construir algo criativo e impactante. Convido cada um a refletir sobre quais são suas crenças a respeito do RH, pois essas crenças conduzem a forma como você se expressa, se posiciona e atua em RH.

Ao final dessas provocações, podemos nos perguntar se a expressão recursos humanos é a melhor para definir esse novo papel. Ao longo dos últimos anos, muitas novas expressões surgiram, tais como gestão do capital humano, gestão de gente, gestão da experiência do colaborador, entre outras. E ainda surgirão outras, quem sabe gestão dos seres humanos, gestão da transformação humana, etc. O nome que você dará a área é menos importante do que o legado que ela entrega. Portanto, caso você deseje ressignificar, de fato, os seus recursos humanos, aborde inicialmente os pontos descritos acima e, ao final, o nome escolhido para expressar o legado será meramente uma consequência.

Neste livro, você encontrará pepitas preciosas que discorrem sobre diversos temas relacionados aos quatro ângulos acima aludidos. Aprofundaremos a temática da Revolução Industrial; passaremos pelo significado da jornada do colaborador;

repensaremos os formatos de gestão de desempenho, aprendizagem organizacional e educação corporativa; trataremos das novas formas de recrutamento e seleção; abordaremos de maneira holística o *employer branding* e o *employer experience*; traremos *insights* a respeito do uso do *big data* e da inteligência artificial no RH; provocaremos reflexões sobre indicadores e metas e, finalmente, nos aprofundaremos sobre a transformação do propósito do RH.

Além de desejar que você faça uma leitura reflexiva desse compêndio, desejo que seja autor e ator da sua própria transformação, enquanto líder: de si próprio, de projetos, de equipes, de organizações – um verdadeiro líder protagonista da transformação.

Weber Niza

REFERÊNCIA

DUBAI SCHOOL OF GOVERNMENT. Civil Movements: the impact of Facebook and Twitter. **Arab Social Media Report**, v. 1, n. 2, maio 2011.

1. A 4ª Revolução Industrial: significado e demandas

João Gonçalves Monteiro Júnior*

1.1 MUDANÇAS EM UM MUNDO EM MUDANÇA

Imaginar o trabalho de RH nos próximos anos – tendo o suporte das tecnologias de informação e comunicação, bem como de plataformas e sistemas interligando a empresa e suas comunidades digitais – parece ser algo revolucionário. Desenham-se e já são utilizados sistemas e plataformas alimentados pela mineração de dados, que respondem aos perfis de pessoas, de times e de consumidores, o que permite conhecer e arquitetar tanto soluções abrangentes como exclusivas para o trabalho das equipes e dos profissionais do futuro. Assim, os campos de atuação do RH – como o desenvolvimento de pessoas, a seleção, a remuneração, os benefícios e outros – têm à disposição uma tecnologia capaz de ampliar e facilitar seu trabalho.

Esse futuro teve início no final do século passado, quando as indústrias promoveram uma customização massiva em busca de vantagens competitivas dentro do seu mercado de atuação. Essa customização se traduziu em um leque de opções oferecidas aos consumidores pelos fabricantes, um modelo de negócio conhecido como B2C (*business to consumer*). Todavia, a escolha dos consumidores ainda se restringia às opções oferecidas pelos fabricantes, o que indicava a próxima fronteira a ser superada: a personalização em grandes volumes de produção. Essa personalização ocorre também como filosofia de negócios em serviços, com a inversão nos modelos de negócios e o surgimento do C2B (*consumer to business*), em que o cliente

---

* João Gonçalves Monteiro Junior, consultor, palestrante e professor universitário. É administrador pela EAESP-FGV, mestre em administração pela USP. Atualmente é chefe do Departamento de Administração da FEA- PUC/SP e faz doutorado em educação na mesma instituição.

passa a efetivamente estar no centro do que é produzido e a ele ofertado (FRIAS JÚNIOR *et al* 2018). Esse é o palco onde se dá a 4ª Revolução Industrial, em que o protagonismo da tecnologia permite inovar e criar bens e metodologias novas, o que altera a indústria e os serviços, possibilitando o surgimento de novos modelos de negócios (como a Uber e o AirBnb) e impactando a sociedade e o mundo do trabalho.

Em recursos humanos, em seu nível pareado à Revolução 4.0, isso já é percebido no refinamento das tecnologias de informação e das plataformas úteis à gestão de RH, na construção de suas políticas e na realização de planos de ação. Essa evolução também é vista na aplicação de metodologias de trabalho ágeis – que surgem derivadas de formas de trabalho na área de TI, tais como o uso de *design thinking* e outras ferramentas, aplicadas para a gestão dos sistemas presentes em RH. Mirando o futuro, com o desenvolvimento de inovações e soluções digitais para os negócios de RH, assistiremos a uma gama crescente de aplicações relacionadas aos processos e entregas, não só de RH, mas também das demais áreas de uma empresa. Esse movimento impetuoso de transformações dá forma ao modo de tratamento das mudanças amalgamadas pela Revolução 4.0: elas são intensas, marcantes e de alto impacto.

Intensas, porque sabemos que, ao terminar de ler este ou outro livro, o mundo certamente terá avançado ainda mais na incorporação de tecnologias que servem ao mundo digital, físico e biológico, a ponto de desenvolver a irrupção que irá superar o que nos parece tão atual ou moderno.

Marcantes, porque as transformações tecnológicas trazem novas soluções para o desenho do trabalho e sua execução, com mais automação e maior disponibilidade de dados. Tudo parece estar à disposição para ser conhecido, o que torna as coisas mais enriquecidas e agiliza seu processo de concretização. Em novos marcos, a tecnologia permite o desenvolvimento de negócios, controles, produtos e arranjos funcionais, de maneiras nunca antes possíveis na era humana.

De alto impacto, porque se prevê a substituição de grandes contingentes de profissionais e postos de trabalho por máquinas inteligentes. Essa é uma das facetas da relação entre o homem e o trabalho. Em parte, essa relação se modifica pelo fato de processos e máquinas poderem realizar mais atividades, sem requerer ação humana direta. Também há reflexos fisiológicos no contato entre homem e máquina, dado o potencial de interferência na saúde causado pelo uso intensificado de eletrônicos portáteis. Assim, surgem novas questões de higiene e saúde nas relações de trabalho.

Produto de mudanças profundas e intensas, amalgamadas pela incorporação e difusão crescente de tecnologias inovadoras, a quarta revolução ocorre na esteira de três marcos históricos, compreendidos como sendo as revoluções industriais anteriores. Em um artigo publicado no LinkedIn Pulse, Maicon Boettcher, gerente comercial na SKA, destaca que a primeira se configurou com o invento de máquinas que possibilitaram substituir a produção manual de bens por uma produção mecanizada, estendendo-se do final do século XVIII até o início do século XIX. A segunda revolução incorporou o insumo da energia elétrica e de outras fontes de energia, permitindo a manufatura em massa, a produção em série e estabelecendo as bases de uma logística comercial, indo do final do século XIX até o início do século XX. Já a terceira revolução surgiu com o desenvolvimento da eletrônica e sua incorporação à produção de bens e serviços, culminando com o surgimento de computadores para uso pessoal, o desenvolvimento de tecnologias de informação e comunicação e a crescente automação nas fábricas, tendo se iniciado a partir de meados do século XX.

O termo Indústria 4.0 foi disseminado a partir da Hannover Messe, uma importante feira industrial na Alemanha, em 2012. A numeração 4.0 é análoga à da evolução da tecnologia da internet (referenciada como Web 1.0, Web 2.0, etc.) e discrimina uma nova revolução após as três anteriores. Outros termos que também representam o fenômeno foram cunhados em países de língua inglesa, a exemplo de *smart manufacturing* e *advanced manufacturing*, muito adotados nos EUA, ou a expressão Internet Industrial, adotada pela empresa General Electric (GRAGLIA, 2018). Embora chamada de industrial, a era de mudanças em que nos encontramos, na realidade, reflete inovações não apenas na indústria, mas em muitas frentes da vida humana e dos negócios, onde os serviços se sobrepõem em termos de geração de riqueza e bens industriais. Talvez fosse, por analogia, melhor dizer que estamos na Era 4.0.

Com o término da Guerra Fria e o ímpeto da globalização, o campo se tornou fértil para o desenvolvimento da internet e sua popularização, que trouxe consigo a difusão maior de soluções em *softwares* e plataformas de dados, a ampliação do uso da robótica para a automação industrial e comercial e o surgimento de empresas mundiais com perfil tecnológico. Vivemos uma atual revolução, uma era caracterizada por exemplos de sistemas ciberfísicos e pelo uso de inteligência artificial.

Schwab (2016) salienta três fatores que evidenciam a ocorrência da 4ª Revolução Industrial: velocidade; amplitude e profundidade; e impacto sistêmico.

A velocidade das mudanças é fruto da conexão entre os avanços tecnológicos de uma área que levam a avanços em outras áreas, permitindo progresso ampliado e exponencial.

A amplitude e a profundidade se demonstram pelas mudanças nas coisas que fazemos e no modo como as fazemos. Exemplos disso são o comércio eletrônico, os programas de TV ou vídeos via streaming, o uso de *drones* para manutenção e controle da agropecuária, as novas fontes de energia, as alterações no setor de transportes, os smartphones com uma variedade cada vez maior de aplicativos, dentre outros, tanto em nossa vida pessoal quanto em nossa experiência como clientes e profissionais.

Os impactos sistêmicos são notados pelas transformações que se difundem por setores inteiros de atividade, podendo ampliar-se de regiões para países, a exemplo das empresas de transporte por aplicativo. A vida social também é impactada pelas mudanças tecnológicas, a exemplo da difusão de medicamentos mais modernos tecnologicamente, ou do uso de mídias, de sistemas de informação e de apps que configuram campos de relacionamento e operam influência sobre pessoas e organizações (SCHWAB, 2016).

No RH 4.0, temos que levar em conta todos esses fatores no cenário de atuação. O que é sistêmico, irradia, e todos atuamos dando conta de sistemas de coleta e gestão de dados funcionais, enquanto aprimoramos sistemas de trabalho e de gerenciamento de dados, gerando informações para auxiliar a tomada de decisões em outros processos de RH.

A velocidade das mudanças também se demonstra pela integração de dados e pelo desenvolvimento das ações de RH. Até alguns anos atrás, a integração de sistemas não era possível, muito menos a criação e o uso de plataformas móveis. Essa nova arquitetura de sistemas de RH é também exemplo da amplitude e da profundidade com que se pode operar e planejar em termos de seus subsistemas tradicionais. A comunicação e o processamento de dados mostram-se instrumentos poderosos para a gestão e o aparelhamento das pessoas nos processos em que atuam, apoiando o recrutamento, a seleção e a manutenção de pessoas, assim como as pesquisas e um rol amplo de atividades e processos entre a empresa e sua força de trabalho e entre a empresa e terceiros.

De acordo com Schwab (2016), a quarta revolução se dá em três esferas: o mundo digital, o mundo físico e o mundo biológico. Cada um desses mundos tem suas tecnologias centrais.

As do mundo digital são as plataformas digitais, o *blockchain* e a internet das coisas. As plataformas digitais centradas na internet oferecem um custo muito baixo de acesso, distribuição e reprodução. O *blockchain* é uma tecnologia interessante para o manejo e a certificação de dados de maneira ágil. Por sua vez, a internet das coisas (IoT, de *internet of things*, na sigla em inglês), permite a colaboração entre máquinas via rede, potencializando a execução de funções com essa integração.

No mundo físico, as principais tecnologias listadas por Schwab (2016) são a impressão 3D, a robótica avançada, os novos materiais e os veículos autônomos. A impressão 3D traz flexibilidade e alto grau de personalização para a produção de bens. A robótica avançada permitirá que robôs realizem tarefas de forma mais inteligente, compreendendo e interagindo competentemente em tarefas variadas, como as domésticas. Novos materiais, desenhados e elaborados tecnologicamente a fim de serem mais leves, robustos, adaptáveis e recicláveis, podem servir para ampliar possibilidades e promover melhorias na criação e na utilização de produtos. Veículos autônomos se avizinham como possibilidade real de facilidades de transporte.

No mundo biológico, Schwab (2016) destaca as tecnologias relacionadas à manipulação genética, assim como as inovações e mudanças constantes do agronegócio e da indústria farmacêutica.

Para profissionais de RH, a sintonia com inovações disruptivas, com tendências em termos de gestão, com sistemas de trabalho e com tecnologias aplicadas à gestão do talento humano e de equipes mostra-se útil e necessária para o aprimoramento das ações possíveis. O desafio é entender as tendências tecnológicas e sua oferta, e estabelecer o diálogo entre os objetivos da organização e o investimento tecnológico desejável e possível.

Além disso, mas não menos relevante, surgem questões éticas e de alcance psicológico que a Era 4.0 coloca em pauta: a segurança e o sigilo de dados; os efeitos do trabalho remoto e do uso intensivo de computadores e outros meios eletrônicos; o esvaziamento do trabalho como pilar da produção, ao ser substituído por tecnologias; e a qualificação e a transformação requeridas em ocupações tradicionais e novas.

Esses são ecos da 4ª Revolução Industrial, que ressignificam e alteram perenemente nossos relacionamentos, nosso trabalho e nossa vida.

1.2 INOVAÇÕES E TENDÊNCIAS

Na 4ª Revolução Industrial, ocorrem saltos tecnológicos, em que as novas tecnologias superam e substituem as antigas com rapidez. Assim, inovações disruptivas criam transformações tanto em produtos quanto em serviços, alterando a maneira como os processos empresariais se desenvolvem e permitindo maior acesso a bens por consumidores que antes não tinham condições para tal (CHRISTENSEN, 2006). Uma pesquisa da consultoria McKinsey discrimina doze tecnologias emergentes que impulsionam mudanças, em maior ou menor grau, tanto na vida cotidiana e pessoal, quanto na economia e na estrutura social:

Quadro 1. **Tecnologias disruptivas segundo impacto econômico potencial (até 2025)**

Tecnologia	Impacto econômico
Internet móvel	Entre 3,5 e 11 trilhões de dólares anuais
Automação do trabalho (de conhecimento)	Entre 5 e 7 trilhões de dólares anuais
Internet das coisas (IoT)	Entre 2,5 e 7 trilhões de dólares anuais
Armazenamento na nuvem	Entre 1,5 e 6 trilhões de dólares anuais
Robôs avançados	Entre 1,5 e 4,5 trilhões de dólares anuais
Veículos autônomos e semiautônomos	Até 2 trilhões de dólares anuais
Geração de genomas	Até 1,8 trilhão de dólares anuais
Armazenamento de energia	Até 1 trilhão de dólares anuais
Impressão 3D	Menos de 1 trilhão de dólares anuais
Materiais avançados	Menos de 1 trilhão de dólares anuais
Exploração e extração de óleo e gás	Menos de 1 trilhão de dólares anuais
Energias renováveis	Menos de 1 trilhão de dólares anuais

Fonte: adaptado de McKinsey Global Institute (2017).

As mudanças que surgem com a crescente digitalização trazida pela 4ª Revolução Industrial vêm alterando o tripé pessoas-organização-tecnologia e são observáveis nos eixos deste tripé. No eixo da relação entre pessoas e tecnologia, a tecnologia serve para atender aplicações específicas, com o poder de customizar tarefas e alinhar prioridades. No eixo da relação entre pessoas e organização, tem-se a possibilidade de adaptar tarefas e discriminar papéis a desempenhar. E no eixo entre organização e tecnologia, temos processos fragmentados, que seguiam uma ordem sequencial, sendo substituídos por procedimentos integrados, que permitem descentralização e simultaneidade de execução.

No nível 4.0, a tônica passa a ser a arquitetura do trabalho e da produção nesse contexto. A aplicação tecnológica, a flexibilização e a organização de processos em rede permitem inovações capazes de alterar beneficamente certas relações. Assim, fazem parte de uma nova realidade funcional o trabalho remoto, a automatização de trabalhos e processos rotineiros, e o apoio de sistemas e máquinas para a realização de atividades operacionais, a exemplo de exoesqueletos usados por operários em atividades fabris (GRAGLIA, 2018).

No mundo organizacional, as mudanças vêm delineando novas formas de se trabalhar, numa perspectiva mais colaborativa em termos de ambientes. Nesse sentido, percebe-se o uso intensivo de interfaces entre homens e máquinas; de redes internas e externas às organizações; e de virtualização para o desenvolvimento e a análise de produtos, processos e serviços. Tudo isso, visando à geração de valor para clientes e usuários (GRAGLIA, 2018).

Algumas dessas tendências, em termos de movimentação de pessoal, indicam que setores de tecnologia da informação vão requerer, na atualidade e no futuro, maior demanda por pessoal, além de beneficiar setores de vendas, propaganda, marketing, mídia, construção civil, e outros. Contudo, o mundo se vê diante da realidade factível da substituição de postos de trabalho por tecnologia. Estima-se que o varejo, o setor gráfico, a fabricação de papel e a administração pública devem perder postos de trabalho.

Segundo relatório publicado pela McKinsey em 2017, se observarmos os países com essa perspectiva, alguns serão naturalmente mais afetados pelo ritmo da automação que outros. O mesmo fenômeno afetará as cidades em razão dos reflexos que a automação e a digitalização produzem, a exemplo do aumento da mobilidade, a melhora e a ampliação de serviços para o cidadão e a difusão de informações. Com os efeitos da automação, a velocidade das mudanças pode variar, sendo mais lenta para setores ou economias inteiras, e mais rápida em nível micro, onde o trabalho das pessoas é automatizado e as empresas competem com concorrentes que adotam automação com maior rapidez.

1.3 OUTROS REFLEXOS NO MUNDO DO TRABALHO

A outra ponta das mudanças que afetam as relações entre tecnologia, pessoas e organizações revela uma gama de pontos críticos que merecem atenção por parte da esfera pública, o que inclui gestores e profissionais de recursos humanos. Com o avanço das mudanças no mundo do trabalho, que ecoam a digitalização, surgem tensões que Graglia (2018) situa em quatro áreas: o empobrecimento do trabalho, a perda do conhecimento tácito, a opressão digital e o risco de substituição.

Embora a digitalização possa enriquecer as atividades executadas pelos funcionários, por torná-las, como afirma Graglia (2018), mais integradas e significativas, pode também depreciá-las e causar o empobrecimento do trabalho, na medida em que simplifica tarefas e normaliza profundamente os processos, sem requerer aplicações de conhecimento e experiência por equipes. A automação em alto grau, ou o uso de sistemas em que uma pessoa responde a sinais ou comandos do próprio sistema, tende a deixar o trabalho enfadonho e monótono, tornando a pessoa mais periférica em suas atividades profissionais (GRAGLIA, 2018).

Perder conhecimento tácito significa perder conhecimento fruto da experiência de se praticar algo. Refere-se à perda da possibilidade de operar, analisar de forma crítica e até mesmo melhorar o que é feito, já que as mudanças colocam pessoas no papel apenas de supervisão de processos automatizados (GRAGLIA, 2018).

A opressão digital se refere ao aumento da possibilidade (e da efetivação) de controlar e manejar informações sobre localização, desempenho e comportamento das pessoas – por meio do uso dos mesmos dados gerados para controle de equipamentos, máquinas e processos (GRAGLIA, 2018).

O risco de substituição evidencia um antagonismo. Se por um lado existem benefícios possíveis com o uso da robótica e da inteligência artificial, em termos de produtividade, segurança, conveniência, etc., por outro lado há impactos nos salários, nas habilidades necessárias para executar um trabalho e na sua própria natureza. Por exemplo, com menor qualificação, trabalhos administrativos possuem elevado risco de substituição por tecnologias existentes na 4ª Revolução Industrial (GRAGLIA, 2018).

Outras pesquisas e estudos indicam os impactos das disrupções com base em novas tecnologias. Um artigo de Hayley Peterson, publicado no World Economic Forum (WEF), lista sete tecnologias disruptivas com potencial para afetar os empregos: internet das coisas, *big data*, carros autônomos, inteligência artificial, robótica, economia compartilhada e impressão 3D. Embora haja a perspectiva de redução de empregos, discute-se que certas ocupações não necessariamente serão substituídas por máquinas, mas, sim, que parte das atividades realizadas é que sofrerão mudanças.

Numa perspectiva histórica, cada uma das revoluções industriais anteriores causou impactos sociais. A partir dessa compreensão, pensa-se que as pessoas afetadas pela tecnologia vão encontrar outras ocupações no ciclo produtivo, como, de alguma forma, aconteceu no passado. Todavia, o alto impacto das intensas mudanças da Era 4.0 pode não ser acompanhado pela velocidade das respostas, tanto em termos de qualificação de pessoal, como de planejamento de alternativas de alcance social em políticas públicas.

Essa qualificação ou requalificação de pessoal é requerida em virtude da necessidade de trabalhadores qualificados para atuar com tecnologia da informação, o que potencializa a absorção ou reabsorção de pessoal em negócios atuais ou futuros, em qualquer ramo de atividade. É como se todas as ocupações passassem a ter um componente 4.0.

Na esteira das mudanças e do aumento da expectativa de vida populacional, pessoas que atuam em serviços de cuidados para idosos deverão ser mais requeridas, e a demanda por produtos e infraestrutura em energias renováveis e eficiência energética aumentará. Também veremos a expansão de investimentos em infraestrutura, tecnologia e construção civil, todos trazendo perspectivas de ocupação para grandes contingentes de profissionais, com graus diferentes de qualificação.

Em termos de geração de empregos e tipos de ocupações nessa Era 4.0, nos últimos anos a internet foi responsável por 21% do crescimento do PIB nos países desenvolvidos. Uma noção desse impacto é dada pela experiência da França, onde houve a extinção de 500 mil empregos no período entre 1985 e 2000. Em contrapartida, esse mesmo país ajudou a criar 1,2 milhão de empregos no mesmo período. Nesse sentido, o crescente uso de *big data* certamente demandará analistas de dados e estatísticos em maior quantidade. No cenário 4.0, a inteligência artificial deverá criar 2,3 milhões de empregos e eliminar, em contrapartida, 1,8 milhão (GRAGLIA, 2018).

Todas essas referências delineiam um cenário turbulento e de muitas transformações pelos anos vindouros, o que requer um olhar mais aprofundado, por parte dos profissionais de RH, sobre os ventos ou furacões que surgirem na sociedade e sobre o esvaziamento do fator trabalho humano. No âmbito micro-organizacional, temos desafios inovadores, já que os impactos, os ecos e as ressonâncias tecnológicas, que mobilizam mudanças, proporcionam novos meios e sistemas de trabalho em um patamar 4.0.

QUESTÕES PARA FIXAÇÃO DO CONTEÚDO

Reflita sobre o conteúdo apresentado no capítulo e responda às seguintes questões:
1. Pense nos últimos 2 anos de sua atuação profissional. Que mudanças você observa nas ocupações? Que exemplos de incorporação tecnológica e sistemas de trabalho você percebeu na área de RH?
2. Em sua opinião, de que maneira empresas, associações e sindicatos podem ajudar a qualificar a força de trabalho nessa época de mudanças intensas e profundas?

REFERÊNCIAS

BOETTCHER, M. Revolução Industrial: um pouco de história da Indústria 1.0 até a Indústria 4.0. Disponível em: https://www.linkedin.com/pulse/revolu%C3%A7%C3%A3o-industrial-um-pouco-de-hist%C3%B3ria-da-10-at%C3%A9-boettcher. Acesso em: 5 out. 2019.

CHRISTENSEN, C. M. *et al.* Disruptive Innovation for Social Change. **Harvard Business Review**, dez. 2006. Disponível em: https://hbr.org/2006/12/disruptive-innovation-for-social-change. Acesso em 3 out. 2019.

FRIAS JÚNIOR, J. B. *et al.* A Quarta Revolução Industrial e a Indústria 4.0. *In*: Silva *et al.* (org.). **Automação & Sociedade**: Quarta Revolução Industrial, um olhar para o Brasil. Rio de Janeiro: Brasport, 2018.

GRAGLIA, M. A. V. **As novas tecnologias e os mecanismos de impacto no trabalho**. Tese (Doutorado) – Faculdade de Ciências Exatas e Tecnologia, Pontifícia Universidade Católica de São Paulo, 2018.

HAYLEY, P. The 12 jobs most at risk of being replaces by robots. Disponível em: https://www.weforum.org/agenda/2015/11/the-12-jobs-most-at-risk-of-being-replaced-by-robots. Acesso em: 28 set. 2019.

MCKINSEY GLOBAL INSTITUTE (MGI). Harnessing automation for a future that works. Disponívelem:https://www.mckinsey.com/featured-insights/digital-disruption/harnessing-automation-for-a-future-that-works. Acesso em: 6 out. 2019.

McKINSEY GLOBAL INSTITUTE (MGI). Technology, jobs, and the future of work. 2017. Disponível em: https://www.mckinsey.com/~/media/McKinsey/Featured%20Insights/Employment%20and%20Growth/Technology%20jobs%20and%20the%20future%20of%20work/MGI-Future-of-Work-Briefing-note-May-2017.ashx. Acesso em: 7 out. 2019.

SCHWAB, K. **A Quarta Revolução Industrial**. São Paulo: Edipro, 2016.

2. Repensando a gestão de desempenho

Jussara Lemos Soares Penhalbel*

2.1 GESTÃO DE DESEMPENHO EM TEMPOS DIGITAIS

O despertador do celular toca pela manhã, você acorda e aproveita para checar se há alguma mensagem. Você se troca, vai para o trabalho e consulta um aplicativo para calcular em quanto tempo chega. Se vai andando, abre o aplicativo ver quantos passos já deu no dia e como estão os seus batimentos cardíacos. Se vai de transporte público, pega o celular verifica em quanto tempo chega a próxima lotação. Se vai de carro, abre um aplicativo para ver qual o melhor trajeto. De repente, um alarme do celular lembra do seu próximo compromisso, e você aproveita para ver as notícias do dia. Enquanto isso, recebe um alerta de sua rede social lembrando o aniversário de um amigo.

Você chega ao trabalho, cumprimenta as pessoas pela empresa, vai para seu computador e se conecta ao e-mail: noventa novas mensagens para ler e responder. Ao abrir a primeira delas, seu celular vibra com outra notificação e seu telefone do trabalho toca. Em meio à torrente de estímulos e informações, seu dia vai se desenrolando em meio a essa alternância de dados que demandam sua atenção.

---

* Graduada em psicologia pela Universidade Metodista de São Paulo (UMESP), pós-graduada em finanças pela Fundação Getúlio Vargas (FGV), com MBA em gestão de pessoas pela mesma instituição. Possui experiência de quase vinte anos na área de recursos humanos, com foco no desenvolvimento organizacional (principalmente em empresas do segmento aéreo e bancário); atração e seleção de talentos; educação corporativa; gestão de clima e cultura organizacional, entre outros. Atualmente, é docente dos cursos de extensão de recursos humanos na PUC-SP. Contato: ju_ssara@hotmail.com.

Focar no que de fato é importante, hoje em dia, é quase um diferencial competitivo. Somos estimulados a ler o que não queremos, e a ouvir o que não precisamos; e somos interrompidos o tempo todo. Com tantos estímulos, gerenciar o desempenho e a produtividade de um colaborador se torna um grande desafio a qualquer organização.

O tempo, os dados e a atenção são moedas preciosas em tempos digitais. O ser humano, nesta equação, sem visão crítica, sem selecionar o que precisa fazer ou ler, torna-se um robô, torna-se um zumbi digital.

Para que tudo isso serve? Onde está nosso foco, nosso objetivo? Profissionalmente falando, como competir com tantos estímulos? Como aproveitar o melhor das informações que chegam? Como aproveitar ao máximo essas experiências e tornar o trabalho cada vez mais produtivo?

Antigamente, quando pensávamos em tecnologia, imaginávamos que iríamos trabalhar menos e ter mais tempo vago para viver. Porém, o que temos hoje é o oposto disso: temos trabalhado cada vez mais, estado muito mais conectados ao trabalho, pensado em trabalho e pesquisado sobre o trabalho fora do horário de trabalho, comportamentos que nunca imaginamos antes.

A reflexão sobre a gestão de desempenho em tempos digitais pode se tornar uma discussão mais ampla. Modelos tradicionais de gestão de desempenho nas organizações incluem o processo de transmissão de objetivos institucionais a todos, a contratação de metas individuais e o desenvolvimento das competências requeridas para o bom exercício da função. Porém, em tempos tão complexos e ágeis – em que a competição entre mercados, marcas e *startups* traz novidades todos os dias e, muitas vezes abala mercados existentes – falar de um modelo anual de metas pode se tornar um modelo tão distante e antigo, que se desconecta da realidade.

Porém, acredito que essa é uma oportunidade para repensarmos essa prática. Na verdade, o que precisamos é atualizar nosso modelo mental à nova dinâmica de ferramentas e tecnologias existentes, trazendo o foco das pessoas para o que é realmente importante na organização.

As pessoas precisam de um fio condutor, um propósito que as conecte a um desafio, um senso de pertencimento a uma causa maior, um sentido para o que elas fazem. Estar conectado e sintonizado a esse objetivo faz com que as pessoas se sintam vivas e percebam o sentido de seu trabalho. Por isso, conhecer as expectativas que a empresa tem sobre seu trabalho é um aspecto indispensável na relação entre o profissional e a instituição. Para abarcar esse tratado de expectativas e contribuir para esse processo de realização profissional, uma metodologia adequada de gestão de desempenho pode ter um papel significativo nos resultados da organização.

2.2 PLANEJAMENTO INSTITUCIONAL

Quando planejamos uma viagem, imaginamos a experiência que teremos ao conhecer nosso lugar de destino. Pesquisamos as rotas e os meios de transporte, orçamos quanto gastaremos com refeições e com passeios, identificamos os pontos turísticos imperdíveis. Com disciplina, planejamos datas e horários para que tudo corra bem. Muitas vezes, até contratamos um seguro viagem para qualquer contratempo.

Chega o dia do embarque. Vamos ao aeroporto no horário correto, embarcamos, e o avião inicia a viagem. Durante o voo, há uma turbulência forte, mas as comissárias não se pronunciam, nem o comandante. Alguns se perguntam se houve um problema no som, impedindo a comunicação entre a cabine de comando e os passageiros. O clima de tensão e medo entre os passageiros vai crescendo e se transformando em pânico. De repente, ouve-se um barulho diferente no motor, e o avião começa a descer. A viagem estava programada para levar quatro horas, mas naquele momento, apenas uma hora após a decolagem, o avião já estava se preparando para o pouso. Com certeza, algo havia dado errado. O avião pousou em um aeroporto estranho. Um problema elétrico havia mudado os planos da viagem, porém os passageiros não tinham informação nenhuma. Todos se atrasam para seus compromissos.

O que essa história tem em comum com a vida corporativa, o planejamento organizacional e a gestão de desempenho?

Primeiro, faço um paralelo entre a escolha do destino da viagem e a entrada de um novo colaborador na organização. No momento da admissão, ele aceita a oportunidade por se identificar com o propósito da empresa e sente-se desafiado pela experiência de carreira que lhe foi apresentada no processo seletivo.

A viagem se inicia conforme o planejado, assim como o trabalho do colaborador, mas de repente o avião tem um comportamento inesperado e tenta pousar; da mesma forma, a organização subitamente toma um novo rumo, sem muitas explicações, com decisões incomuns que impactam todos os colaboradores. Como na viagem de avião, uma mudança de planos organizacionais que não é comunicada gera tensão, insegurança e sensação de impotência.

No mundo dos negócios, a nova certeza que temos é a de que haverá mudanças, e quem não entender esse movimento, pode ter grandes dificuldades de permanecer em um trabalho nos dias de hoje. O paralelo com a história da viagem nos remete àquilo que as pessoas sentem quando uma mudança de rota estratégica não é bem comunicada. Por isso, cada vez mais, valorizamos competências como a empatia, que é a capacidade de nos colocarmos no lugar do outro para entender como ele se sente e o que espera. Por isso, nesse processo, o planejamento estratégico, a empatia e a comunicação precisam andar de mãos dadas.

Sabemos que todos estamos sujeitos a mudanças de rotas e ajustes estratégicos para mantermos a competitividade. Porém, precisamos a todo momento nos lembrar de comunicar às pessoas o motivo da mudança, para onde estamos indo agora e o que esperamos delas. Essa simples atitude traz resultados significativos para as organizações, permitindo agilizar a alteração da rota.

Quanto mais as pessoas se sentem parte do desafio – relevantes para a jornada, envolvidas com os reais problemas a serem resolvidos e sentindo que sua criatividade é requisitada – maior sua capacidade de entrega de resultados e velocidade de mudança. Por isso, novos métodos de trabalho em equipe estão sendo experimentados pelas organizações, que buscam uma comunicação cada vez mais intensa entre as pessoas e um conhecimento cada vez mais apurado do cliente e de suas necessidades, a fim de continuarem evoluindo e sendo competitivas.

O primeiro passo para a definição de um modelo assertivo de gestão de desempenho é o planejamento macro de objetivos da instituição. Geralmente definidos pela alta administração, os objetivos devem estar especificados com uma descrição simples e de fácil entendimento a todos os profissionais.

Para potencializar o desdobramento do plano de metas e objetivos entre as equipes, é necessário um plano de comunicação envolvente, que atinja diversos níveis organizacionais em diferentes canais de comunicação, tais como reuniões e encontros sobre o tema, painéis visuais, divulgação na TV corporativa e na intranet, vídeos, folhetos e outros meios, conforme a realidade de cada organização. Com o *turnover*, é preciso assegurar que esses objetivos sejam constantemente replicados e explicados, assim como as estratégias que estão sendo desenhadas para se chegar lá.

Uma boa construção de metas é aquela na qual o objetivo a ser perseguido é claramente definido, especificando-se como será mensurado, como será relevante para os objetivos macro da organização, se é factível ou atingível (possível de ser realizado) e se está dentro de um horizonte definido de tempo.

Algumas organizações costumam estabelecer um conjunto de metas para mensurar o desempenho, com pesos específicos conforme a importância e a relevância de cada uma.

Escrever metas requer técnica e reflexão. Conheça dez princípios-chave para esse processo:

1. A meta deve ser um desafio: a superação de um processo que já existe, a construção de um novo processo, a melhoria de produtos ou a superação em relação ao atendimento aos clientes, por exemplo. É muito importante entender que as metas não são tarefas, nem rotinas, mas sim desafios para a superação de limites, para se sair da zona de conforto e buscar uma mudança de estágio.
2. A forma como a meta é descrita deve ser de fácil entendimento, de forma que possa ser interpretada por qualquer pessoa da empresa, de qualquer setor ou especialidade. A descrição clara elimina dúvidas durante sua execução e sua avaliação.
3. A proposta da meta deve ser construída por quem irá executá-la, devendo ser validada e refinada pelo gestor. Dessa maneira, os objetivos são cocriados e se estabelece uma relação de comprometimento com a situação acordada.
4. As metas precisam ser específicas, isto é, o alvo a ser perseguido precisa estar claro, bem como os motivos por que se almeja alcançar tal resultado.
5. A declaração de metas individual precisa conter objetivos ligados à atividade do colaborador, ou seja, às ações que ele tem condições de executar e influenciar, e sobre as quais ele tenha interferência direta. Objetivos que não pertençam ao dia a dia da pessoa, ou que fujam totalmente de sua zona de controle, não devem estar descritos em um contrato de metas individual.
6. As metas precisam ter prazos, ou horizontes de tempo para serem cumpridas. Caso contrário, ficam soltas e podem até ser cumpridas, mas fora do prazo, e esse descompasso pode ser capturado de alguma maneira na avaliação.
7. Ser mensurável é outro princípio fundamental para se estabelecer o sucesso do trabalho. Muitas metas podem ser mensuradas numericamente, por isso é importante estabelecer indicadores por números. Quem mensura é outro fator importantíssimo, pois quanto mais isenta for sua apuração das metas, mais justo é seu modelo. Porém, algumas metas não possuem indicadores numéricos que possam ser estabelecidos. Nesse caso, recomenda-se a criação de descritos qualitativos para a escala, definindo-se cada ponto de nota possível e o resultado esperado.

8. Metas impossíveis ou muito distantes da realidade não são recomendadas a um contrato de metas, pois são desestimulantes e tornam-se um processo injusto para todos. Por isso, estabelecer objetivos desafiadores, porém factíveis à realidade da organização, é a recomendação para uma construção de metas fiel e meritocrática.
9. Os objetivos definidos também precisam ser relevantes para o negócio, de forma que contribuam para seu crescimento e evolução. Por isso, é preferível estabelecer poucos objetivos conectados estritamente à estratégia, do que muitos objetivos desconectados do propósito maior.
10. Mudanças de planos sempre podem acontecer ao longo da jornada, e com todo o dinamismo das organizações, o modelo de gestão de desempenho precisa criar regras e condições para adaptar as metas de acordo com a situação da organização. Porém, é preciso tomar cuidado com mudanças de meta que tenham o intuito de favorecer interesses individuais. A justificativa para uma mudança de meta precisa estar embasada e ser validada por um conjunto de gestores, a fim de assegurar sua legitimidade e imparcialidade.

Exemplo de meta baseada nos 10 princípios

Contexto organizacional: Uma empresa de mobilidade urbana, focada em fornecer meios alternativos de transporte, recebeu investimento estrangeiro e precisa aumentar o volume de clientes em 200% em dois anos.

Você trabalha no departamento de marketing e precisa construir seus objetivos para o ano.

Descrição	Métrica e tempo	Relevância
Criar uma campanha de marketing construindo novos canais de divulgação e promoção da marca.	Nota 1: Desenhar a nova campanha e apresentar para aprovação. Nota 2: Iniciar a execução da campanha em abril. Nota 3: Implementar a nova campanha até julho e atingir + 40% em volume de clientes. Nota 4: Atingir + 60% em volume de clientes até dezembro. Nota 5: Atingir + 100% em volume de clientes até dezembro.	A meta se conecta ao crescimento do negócio e é fundamental para sua continuidade.

Além dos objetivos específicos, é fundamental estabelecer um conjunto de comportamentos esperados pela organização, que sirva como guia para as pessoas ao longo da jornada de trabalho. O peso dos aspectos comportamentais na avaliação de desempenho varia conforme a realidade de cada organização, seu nível de maturidade e necessidades de desenvolvimento organizacional, estando muito vinculada à cultura da empresa e à qualidade de atendimento e relações que ela busca. Porém, a importância desse eixo comportamental não pode ser descartada. Afinal, de nada vale um colaborador que atinge todas as suas metas de vendas, mas peca em aspectos relacionais e éticos.

2.3 METODOLOGIAS ÁGEIS

Cada vez mais, as metodologias ágeis de trabalho têm invadido as organizações e as áreas de projetos. Esses modelos têm se mostrado eficientes para a construção de produtos que podem ser rapidamente lançados no mercado. Nesse processo de trabalho, conforme são dirigidas pela metodologia, as equipes trabalham juntas, comunicam-se e tomam decisões, sentindo-se assim realmente parte da solução. Diferentemente de modelos tradicionais de gestão de projetos, em que se busca uma especificação completa para depois iniciar a programação e a entrega final de um sistema (um processo que muitas vezes levava mais de um ano), no método ágil, como no Scrum, são priorizados produtos mínimos viáveis (*minimum viable project*, MVP), para que os clientes em pouco tempo já consigam usufruir da solução. Como explicado por Sabbagh (2013, p. 6),

> Com Scrum, o produto é construído em ciclos curtos, incrementalmente e com entregas frequentes, partindo-se das suas partes mais importantes. Busca-se a colaboração com os usuários, clientes e demais partes interessadas durante todo o projeto. Eles aprenderão sobre o que está sendo desenvolvido ao longo do trabalho, à medida que veem ou utilizam as partes do produto demonstradas e, preferencialmente, entregues. Assim, busca-se, a partir de seu *feedback*, desenvolver e entregar, pouco a pouco, o produto certo. Da mesma forma, quando se entende que decisões equivocadas foram tomadas, esse *feedback* rapidamente gera visibilidade sobre o problema e permite a correção do rumo.

Esse novo método tem acelerado entregas de produtos nas organizações, alterando significativamente o método de trabalho das pessoas e as relações e os mecanismos do trabalho em equipe.

Com novos papéis sendo exercidos pelas equipes, as metodologias ágeis utilizam atributos humanos – tais como colaboração, espírito de equipe, empatia, criatividade, senso de igualdade e responsabilidade – para determinar as responsabilidades dos componentes da equipe e realizar as entregas. A tomada de decisão nesses núcleos de trabalho se tornou uma competência muito importante, e a confiança nas pessoas e no trabalho delas é o fator principal para entregar a essa metodologia a responsabilidade pela construção.

Técnicas de acompanhamento das tarefas do projeto foram atualizadas com o *daily scrum*, que, conforme definido por Sabbagh (2013, p. 357), é uma

> reunião curta, realizada diariamente pelo time de desenvolvimento, com o propósito de planejar o próximo dia de trabalho, proporcionando visibilidade ao trabalho realizado e a realizar, promovendo a comunicação sobre esse trabalho, dando visibilidade a quais obstáculos atrapalharam o desenvolvimento e servindo de oportunidade para decisões rápidas com relação ao progresso do Sprint.

Essas reuniões diárias duram de 15 a 30 minutos e, quando aplicadas com disciplina, têm se provado muito eficazes no processo de acompanhamento do projeto. Mais importante, tais reuniões também podem transformar o horizonte de tempo dedicado à atividade, promover o alinhamento da equipe sobre as atividades que precisam ser executadas e atualizar o progresso, promovendo assim eficiência às entregas acordadas.

As entregas nas quais o projeto é fracionado se chamam de *sprints*, e as equipes multidisciplinares que se reúnem para a execução do projeto são chamadas de *squads*.

Quadros visuais de acompanhamento ajudam a posicionar cada tarefa em seu status (*por fazer, fazendo, feito, obstáculos encontrados*), servindo como um rápido guia para consulta e atualização sobre o que está ocorrendo durante o desenvolvimento do projeto. Com esse conjunto de novas ferramentas e articulações de equipes presentes nas empresas, a agilidade para realizar as entregas aumentou exponencialmente. Por isso, pensando no acompanhamento de desempenho, a dinâmica de avaliação precisa acompanhar a velocidade do que está acontecendo.

Para se adaptar a essa velocidade, foi criada uma metodologia de acompanhamento de metas chamada de OKR (*objectives and key results*, ou objetivos e resultados-chave). Desenvolvida por Andy Grove em 1983, quando trabalhava na Intel, essa metodologia começou a se tornar popular quando o Google passou a utilizá-la, espalhando-se então para várias outras organizações. A técnica foi adotada por acompanhar o processo ágil e trazer dinamismo e foco, permitindo que as pessoas direcionem seus esforços para o que de fato faz sentido para o negócio no momento. Nesse processo, os grandes objetivos são fracionados em horizontes de tempo, de forma a assegurar a entrega final com a agilidade demandada pela organização. Da mesma maneira sistemática, são definidos os objetivos-chave para o negócio, de modo que cada área e indivíduo é direcionado por esse objetivo, utilizando-se da técnica para estabelecer metas claras, específicas, mensuráveis, realistas, relevantes e com prazo determinado. Assim, a responsabilidade da pessoa no processo fica muito clara. Niven e Lamorte (2016) destacam que a OKR ajuda a estruturar não só o pensamento crítico, mas também a disciplina contínua, a fim de assegurar que os colaboradores concentrem seus esforços e contribuam, de maneira mensurável, para que a empresa alcance resultados superiores.

Niven e Lamorte (2016) definem objetivo como uma declaração concisa que estabelece um alvo qualitativo amplo, projetado para impulsionar a organização na direção desejada. Para estabelecê-lo, basicamente, perguntamos: O que queremos fazer?

O objetivo bem redigido é limitado no tempo (é possível de ser atingido no trimestre) e deve inspirar e engajar a imaginação compartilhada da equipe. Já os resultados-chave são definidos como um resultado fundamental, um estatuto quantitativo que mede a consecução de um determinado objetivo. Se o objetivo pergunta o que queremos fazer, o resultado-chave pergunta: Como saberemos se cumprimos nosso objetivo?

Alguns podem questionar o uso da palavra quantitativo, argumentando que, se um resultado-chave mede a conquista, então, por sua própria natureza, é quantitativo. Ponto considerado. Porém, é importante garantir que se reconheça a importância vital de apresentar os resultados-chave como números. O desafio e o valor final dos resultados-chave é forçar a organização a quantificar seu propósito, tornando tangível o que podem parecer palavras vagas ou nebulosas da descrição do seu objetivo.

Outra técnica que pode ajudar a compor a descrição do objetivo é o 5w2h, que consiste em descrever: o que fazer (*what*), por que fazer (*why*), quando deverá ser feito (*when*), quem fará (*who*), onde será feito (*where*), como será feito (*how*) e quanto custará (*how much*). Responder esse conjunto de perguntas pode auxiliar a delimitar as expectativas da execução.

Com prazo geralmente mais curto, de 3 a 6 meses para o cumprimento dos objetivos, e uma quantidade de objetivos limitada, os OKRs contribuem para a agilidade do negócio, pois concentram os esforços em ações de grande impacto para a empresa. A periodicidade do modelo pode variar conforme a necessidade, o momento de cada organização e a maturidade cultural para trabalhar com esses conceitos, já que requer da gestão um investimento de tempo para a construção e o acompanhamento contínuo. A aplicação contínua dessa técnica ao longo do ano gerará alguns contratos de metas, que podem compor uma avaliação final ao término do período. Essa agilidade para construir os objetivos, executá-los e avaliá-los requer que os gestores tenham conhecimento da metodologia e dinamismo para escrever as metas, orientar os colaboradores e acompanhar esse processo, além de uma cultura organizacional forte, que faça valer a metodologia.

Esse direcionamento de curto prazo das metas facilita a aceleração dos processos e a execução dos projetos, pois foca no que de fato fará a diferença para o negócio. Portanto, para implementar uma metodologia como essa na organização, requer-se o preparo da cultura e da liderança. Outro fator decisivo para o sucesso da implementação é o acompanhamento contínuo e uma ferramenta tecnológica que facilite a inserção das metas, seu controle e a mensuração dos indicadores.

2.4 GAMIFICAÇÃO

Alguns objetivos corporativos podem seguir o conceito de gamificação, isto é, um mecanismo no qual as pessoas participam de um jogo, com regras, objetivos e premiações. Alguns sentimentos são despertados nesse processo, como a competição, a motivação baseada em incentivos ou premiações pela realização das ações, o espírito de pertencimento e o foco. Esses atributos dos games podem combinar com algumas metas que envolvam produtividade e vendas, que sejam de fácil mensuração e de acompanhamento preciso. Como explicado por Medina (2013, p. 17),

> [...] a aplicação da gamificação aponta para circunstâncias que envolvam criação ou adaptação da experiência do usuário a determinado produto, produto, serviço ou processo; intenção de despertar emoções positivas, explorar aptidões pessoais ou atrelar recompensas virtuais ou físicas ao cumprimento de tarefas. À exceção dos chamados Jogos Sérios e, de acordo com sua definição mais aclamada, submeter-se a um processo de gamificação não significa necessariamente participar de um jogo, mas sim apoderar-se de seus aspectos mais eficientes (estética, mecânicas e dinâmicas) para emular os benefícios que costumam ser alcançados com eles.

Por isso, relacionar metas com técnicas de games pode ser um caminho estratégico para direcionar a organização na busca de um resultado específico. Geralmente, a gamificação pode ser empregada no atingimento de campanhas comerciais ou de atendimento, que tenham como foco o resultado em um curto período de tempo.

Porém, é necessário ter alguns cuidados, como o estabelecimento de regras claras e a criação de mecanismos de monitoramento, para não canibalizar outros produtos ou passar por cima de processos e aspectos éticos em prol da vitória no jogo. Outro cuidado se refere à premiação, que deve ser cumprida conforme as regras combinadas, e devem-se levar em conta as devidas tributações correspondentes ao tipo de prêmio a ser pago. Também é preciso pensar no quanto o jogo vai exigir das pessoas, tendo o cuidado de equilibrar os processos e os níveis de energia, que devem ser bem distribuídos, para que seja possível se dedicar às demais tarefas vitais da organização.

Na premissa do game, a história envolvida e as tarefas a serem cumpridas precisam ser desafiadoras de forma equilibrada, com certa dificuldade, mas não impossíveis, pois esses fatores estão ligados à motivação de permanecer no jogo. Desafios muito difíceis de serem atingidos desestimulam e geram desistências no processo. Como explicou Medina (2013, p. 18),

> A aplicação de uma bem-sucedida estratégia de gamificação está diretamente associada ao entendimento do contexto em que se insere o usuário, e quais são seus anseios e limitações extrínsecos (incitados pelo meio externo) e intrínsecos (automotivados). É importante observar também que só nos envolvemos em longo prazo com jogos que façam sentido, destacando-se a relevância de criar argumentos e tecer narrativas factíveis, ou seja, que digam respeito à realidade do público a que se destinam.

Por isso, deve-se utilizar essa técnica com cuidado, observando todos os aspectos que um jogo envolve. No nosso exemplo, ao utilizar o *game* em uma campanha, devemos considerar também que, muitas vezes, a campanha necessita atingir não somente um resultado, mas também um conjunto geral de objetivos que precisam ser perseguidos ao mesmo tempo.

2.5 AÇÕES DE SUSTENTAÇÃO E MOTIVAÇÃO EM BUSCA DOS OBJETIVOS

Para se manter a organização conectada a seus objetivos e dar vida ao processo de gestão de performance, algumas ações estratégicas são essenciais:

2.5.1 Comunicação corporativa

Ações de contínua comunicação reforçam o caminho da organização e ajudam-na a persistir na jornada, gerando segurança e reduzindo ansiedades e medos. Por isso, é fundamental para o sucesso dos resultados um programa de comunicação que trate especificamente de objetivos, de direcionamento de estratégia, de monitoramento de status e de celebrações.

2.5.2 Eventos para divulgação de metas

Para inserir todas as pessoas na jornada da organização, é fundamental criar marcos, gerar emoções e lembranças a respeito da experiência de disseminação da estratégia. Para isso, um mecanismo eficiente é a promoção de eventos para a divulgação de objetivos e metas. Nessas reuniões, é fundamental apresentar o cenário atual da organização e aonde se quer chegar, por meio de um *storytelling*, isto é, uma história que envolva as pessoas e esclareça o papel esperado de cada uma, as consequências do resultado atingido e as diretivas específicas da jornada a ser perseguida.

Criar mecanismos de fixação dos objetivos ajuda a trabalhar a cultura e o foco organizacional. O ideal é que a mensagem transmitida seja tão simples e curta que as pessoas saiam do evento falando a respeito, divertindo-se com os conceitos (se possível), replicando a história e disseminando expectativas e opiniões individuais sobre como atingir o resultado esperado. Sabemos que longas explanações e monólogos não geram lembranças e emoções nos interlocutores, por isso, pode-se trabalhar com elementos divertidos para facilitar a fixação de conteúdo, que provoquem emoções positivas, tais como risadas ou demonstrações de afeto.

2.5.3 Rituais para acompanhamento de desempenho

Um ritual é um evento periódico no qual são repetidas ações que utilizam objetos e artefatos para representar conceitos e simbolizar os objetivos do grupo. Para manter a chama dos objetivos viva, é fundamental o acompanhamento contínuo. As pessoas precisam sentir a importância do tema, e um mecanismo que pode ajudar a garantir a continuidade e o sucesso organizacional é a criação de rituais específicos para relatar como andam o desempenho, as dificuldades encontradas e as lições aprendidas. Nesses encontros, também é possível capturar erros e identificar a necessidade de desvios de rota para manter a assertividade quanto aos objetivos finais. Cada gestor ou organização pode desenhar esse ritual da maneira que for mais conveniente à sua cultura: o importante é que seja periódico e contenha símbolos para marcar o momento e as responsabilidades de cada um.

2.5.4 Réguas da avaliação de desempenho

Nas organizações, é muito comum encontrarmos gestores com réguas e critérios distintos para avaliar os colaboradores, alguns mais benevolentes, outros muito rígidos. Sabemos que existem nuances e subjetividades envolvidas, mas é imprescindível que os conceitos e métricas das réguas sejam claros e funcionem para todos.

Uma maneira de equalizar os conceitos da régua é promover reuniões colegiadas de consenso, nas quais os gestores juntos podem partilhar suas opiniões e nivelar as ocorrências, a fim de chegar a um consenso e equalizar a avaliação dos colaboradores.

O encerramento de um ciclo de performance requer um conjunto de consequências, sejam elas um reconhecimento explícito verbal, uma nota de avaliação justa, com os esforços e resultados atingidos, ou um *feedback* robusto de reconhecimento. Qualquer que seja a consequência, o mais importante nesse processo é assegurar a meritocracia e evitar qualquer tipo de favorecimento, para que os impactos da avaliação sejam refletidos em políticas de reconhecimento, bônus, ou tomadas de decisão quanto a promoções ou até ao desligamento da organização.

2.5.5 *Feedback*: o encerramento de um ciclo de desempenho

Em gestão de desempenho, o momento do *feedback* geralmente é carregado de expectativas e ansiedades. Esse momento simboliza o encerramento de um ciclo, faz um balanço das entregas realizadas e é o momento de pontuar o impacto dos comportamentos nos resultados. Muitos esperam pelo *feedback* para saber como se saíram na visão dos seus gestores.

O que enriquece muito esse momento é oferecer um *feedback* voltado ao desenvolvimento, destacando os pontos a serem melhorados com muita clareza, escutando as expectativas, exaltando aspectos positivos no intuito de reforçá-los e aprimorá-los cada vez mais. É de fundamental importância dar luz aos pontos que precisam de atenção, ajudando o profissional a desenvolver sua autoconsciência e sua visão sobre os impactos organizacionais.

Uma maneira muito positiva de conduzir esse momento é resgatar o histórico de entregas e ocorrências, pontuando exemplos de atitudes com fatos e dados. Trazer os exemplos das situações, mostrando o impacto das ações, costuma contribuir para o sucesso dos *feedbacks* e para o crescimento individual.

Para ajudar a descrever objetivamente os fatos e facilitar a compreensão de quem recebe o *feedback*, a estrutura da conversa deve resgatar:

1. a descrição do desafio inicial;
2. as ações realizadas pelo colaborador e suas atitudes;
3. os impactos que as ações geraram nas pessoas ou na equipe; e, por fim,
4. os resultados obtidos.

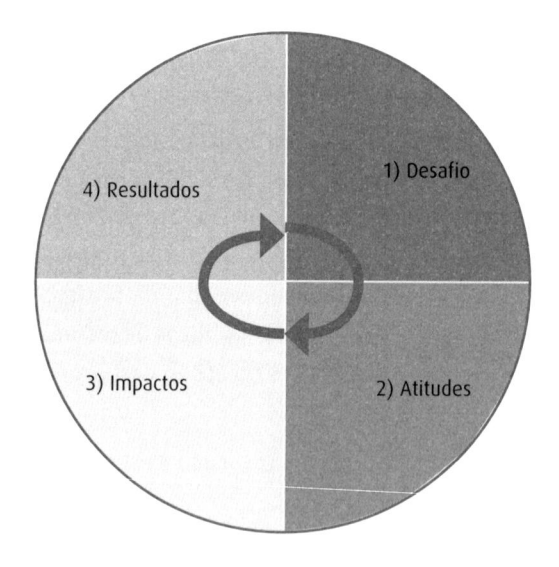

Figura 1. **Estrutura da conversa de *feedback*.**
Fonte: elaborada pela autora.

Algumas pessoas podem não ser tão receptivas a uma conversa de *feedback*, mas a utilização dessa técnica pode facilitar o processo à medida que os resultados obtidos são apresentados e comparados com as expectativas iniciais. Assim, torna-se um processo prático e objetivo, que promove a reflexão sobre o comportamento e sobre a situação dos resultados obtidos. A partir dessa reflexão, é possível obter elementos para uma mudança de atitude nas próximas oportunidades, ou para potencializar os pontos fortes de sucesso na condução das situações.

Finaliza-se com uma troca de percepções sobre tudo o que foi ouvido, observando-se como o *feedback* foi recebido e o que a pessoa idealiza como os próximos passos de sua carreira e suas expectativas de futuro, fechando-se o momento com um acordo de expectativas e compromissos para o próximo período.

QUESTÕES PARA FIXAÇÃO DO CONTEÚDO

Reflita sobre o conteúdo apresentado no capítulo e responda às seguintes questões:
1. Qual a principal diferença entre os OKRs e as metodologias tradicionais de metas?
2. Construa uma meta levando em consideração os 10 princípios apresentados no capítulo.
3. Ao implementar um processo de gamificação em um programa de metas, que cuidados devem ser tomados?
4. Ao se preparar para o momento do *feedback*, que elementos você deve levar em consideração para estruturar a conversa?

REFERÊNCIAS

MEDINA, B. **Gamification**: como reinventar empresas a partir dos jogos. Rio de Janeiro: MJV Press, 2013.

NIVEN, P. R.; LAMORTE, B. **Objectives and Key Results**: Driving Focus, Alignment and Engagement with OKRs. Nova Jersey: Wiley, 2016.

SABBAGH, R. **Scrum**: Gestão Ágil para projetos de sucesso. São Paulo: Casa do Código, 2013.

3. O aprendizado 4.0: novas práticas em educação corporativa

João Carlos Destro Mendes*

3.1 O APRENDIZ CORPORATIVO NA 4ª REVOLUÇÃO INDUSTRIAL

Um estudo da McKinsey & Company sugere que até 2030, cerca de 375 milhões de trabalhadores precisarão mudar de categoria ocupacional por causa da automação, e todos os funcionários precisarão se adaptar para coexistir ao lado de máquinas cada vez mais capazes. A 4ª Revolução Industrial levou a sociedade e a força de trabalho a uma encruzilhada vital. A robotização está substituindo progressivamente os empregos da classe média, e o rápido progresso da inteligência artificial (IA) está se expandindo em nossas vidas diárias, assumindo uma parte do que fazemos. A inteligência artificial e as novas ferramentas de automação estão mudando rapidamente a maneira como trabalhamos, desenvolvemos produtos e interagimos com clientes, ampliando o que as pessoas fazem no trabalho e redefinindo as possibilidades.

Outra pesquisa do McKinsey Global Institute, de 2017, relatou que 62% dos executivos de negócios acreditam que mais de um quarto de sua equipe precisará ser retreinada em função das novas tecnologias digitais e de automação. De acordo com o Fórum Econômico Mundial, 65% das crianças em idade escolar de hoje se formarão em empregos que ainda não existem, e até 2020 mais de um terço das habilidades desejadas para a maioria das ocupações será composto por habilidades ainda não consideradas essenciais para esse trabalho.

---

* Graduado em engenharia, possui MBAs pela FGV e pela FIA. Atua há mais de 30 anos na implantação e na direção de educação corporativa em empresas globais, tanto no Brasil quanto no exterior.

Assim como os trabalhos tradicionais estão sendo redefinidos rapidamente em consequência desta transformação digital, precisam se adaptar tanto os sistemas de aprendizagem – para atender à crescente demanda por habilidades comportamentais (*soft skills*) e à vida útil cada vez menor das habilidades técnico-funcionais (*hard skills*) –, como os líderes responsáveis por treinamento e desenvolvimento (T&D) – que assumem a responsabilidade de manter a força de trabalho atualizada com as novas habilidades em constante evolução.

Assim, em tempos de rápidas mudanças tecnológicas, o papel de T&D é treinar funcionários para empregos que ainda não existem, especializando-se em fornecer ferramentas para capacitar constantemente os trabalhadores para as novas funções emergentes. Em vez de contratar e demitir talentos, os funcionários cujos trabalhos são automatizados podem ser requalificados para novos tipos de função nas organizações.

Se as organizações estão mudando, também estão os trabalhadores. No relatório *Insights from IMPACT 2018*, a Deloitte divulgou um retrato sobre as características do aprendiz moderno. Em resumo, podemos destacar o seguinte:

- » **Vive sobrecarregado e distraído**: o trabalhador médio gasta 25% do seu tempo em e-mails e verifica seu telefone 150 vezes por dia. No entanto, o tempo médio que um funcionário normalmente dedica à aprendizagem para o trabalho é de cerca de 20 minutos por semana, ou aproximadamente 1%.
- » **É ansioso por aprender**: oportunidade de desenvolvimento é a principal razão pela qual as pessoas querem ingressar em uma organização ou deixá-la.
- » **Deseja informações personalizadas e na hora da necessidade**: o trabalhador de hoje quer informações relevantes disponíveis em qualquer lugar e no fluxo do seu trabalho. Com a popularização dos smartphones, o conteúdo agora é oportuno, personalizado e está sob o controle do funcionário. Uma parte significativa da aquisição de conhecimento crítico no trabalho agora pode ser realizada no exato momento em que é necessário: em momentos de necessidade, 96% das pessoas recorrem a seus telefones em busca de respostas, de acordo com Kirstie Greany, em um infográfico publicado na Elucidat.
- » **Deseja aprender sob demanda, em qualquer lugar e a qualquer hora**: os funcionários valorizam a capacidade de encontrar as informações de que precisam, da maneira que escolherem, de onde quiserem e no momento em que quiserem.

» **Prefere que o aprendizado seja realizado por meio da experiência no trabalho (*on-the-job training*)**: de acordo com uma pesquisa realizada por Jane Hart e citada por Kirstie Greany, o aprendiz moderno valoriza o aprendizado por meio da experiência no trabalho, pela qual pode obter o conhecimento necessário e aplicá-lo em tempo real. Jane Hart é diretora do Centre for Modern Workplace Learning (C4MWL) e fundadora do Centre for Learning & Performance Technologies (C4LPT), um dos principais sites do mundo sobre tendências, tecnologias e ferramentas de aprendizado. Os resultados de suas pesquisas continuam mostrando que, para profissionais modernos, as formas menos valorizadas de se aprender no trabalho são as atividades tradicionais de aprendizado corporativo: treinamento em sala de aula e e-learning.

Assim, a área de T&D, que para efeito didático chamarei de educação corporativa (EC) no restante deste artigo, deve superar obstáculos significativos ao considerar a criação de uma abordagem digital para o aprendizado, objetivando atender não só ao novo contexto organizacional, mas também às características do aprendiz corporativo moderno, o que envolve a criação de uma nova cultura de aprendizado, suportada por um ecossistema tecnológico que coloque o trabalhador como protagonista do seu desenvolvimento.

3.2 A TRANSFORMAÇÃO DIGITAL DA EC

Antes de qualquer coisa, é preciso compreender que a criação de um ambiente de aprendizado digital acabará por desafiar, se não ameaçar, os atuais papéis e responsabilidades da área de EC. Precisamos abrir mão da centralização e transferir o aprendizado ao seu legítimo dono – o funcionário. A realidade é que alguns papéis de EC evoluirão da simples entrega de cursos para a facilitação da experiência do aluno. As posições tradicionais da EC precisam abrir espaço para novas funções, como arquiteto de nuvem, curador de conteúdo, desenvolvedor de conteúdo digital, gerente de mudança e designer de experiência.

Algumas novas funções de EC já são realidade:

» **Facilitador de treinamento *on-line* ou virtual**: dá apoio durante o treinamento virtual. Gerencia os alunos, monitora o envolvimento do aluno e fornece interação oportuna sob a direção do instrutor.

» **Designer instrucional de conteúdo digital**: projeta conteúdo de aprendizagem utilizando realidade aumentada, realidade virtual, entre outros recursos, de acordo com os princípios de design instrucional adotados pela área. Coordena o trabalho de especialistas no assunto, com relação ao que precisa ser aprendido, quais critérios de desempenho devem ser aplicados e como as competências podem ser avaliadas.

» **Especialista em comunidades digitais de prática**: apoia a gestão eficaz de comunidades digitais de colaboração, promove a participação e a partilha em comunidades profissionais próprias e contribui para outras comunidades no ambiente de trabalho.

» **Consultor de desempenho**: utiliza habilidades consultivas com gerentes e executivos para determinar os requisitos de desempenho organizacional. Trabalha com liderança operacional e executiva para identificar áreas críticas de negócios que devem ser alvo da consultoria de desempenho. Aconselha sobre como incorporar lacunas de desempenho quantificadas em medidas organizacionais. Lidera iniciativas de consultoria de desempenho nos níveis executivos. Lidera e orienta outras pessoas na análise de desempenho e das estratégias de solução de aprendizagem, para melhorar a tomada de decisões organizacionais.

» **Analista de dados**: analisa dados de acordo com os requisitos estratégicos de aprendizado e desempenho. Usa uma variedade de técnicas analíticas e estatísticas para descrever e modelar dados. Verifica a exatidão, a integridade e a relevância dos modelos de dados. Obtém informações precisas e oportunas de outras pessoas para alimentar atividades de interpretação de dados. Produz relatórios claros para divulgação, de acordo com a direção estratégica. Trabalha com os ambientes de aprendizagem existentes para comparar, escolher e aplicar o padrão mais apropriado de desenho de informações a novos conteúdos, a fim de melhor atender às necessidades de aprendizado e desempenho para públicos específicos.

» **Gerente de projetos de capacitação**: conduz projetos estratégicos de grande impacto e com fatores de risco significativos. Garante que o projeto seja entregue dentro do prazo e do orçamento, verificando relatórios regulares sobre o uso de recursos. Garante que medidas corretivas sejam tomadas caso o projeto não siga o planejamento. Ao final do projeto, garante uma revisão completa e relatórios sobre o sucesso do projeto, além de medidas de valor para as partes interessadas.

» **Gestor de mudanças**: capaz de selecionar e justificar modelos de mudança apropriados, que fornecerão os resultados esperados pelo negócio. Trabalha com as partes interessadas para garantir que as iniciativas de aprendizado sejam relevantes para os negócios/departamentos e sejam sensíveis aos ciclos de negócios. Garante que as partes interessadas estejam totalmente preparadas para novas iniciativas de aprendizado, incluindo todas as considerações técnicas e o gerenciamento das partes interessadas em vigor. Garante que a implementação seja executada de acordo com o plano original e que o gerenciamento de projetos esteja em vigor. Garante a geração de relatórios de atividade em relação aos planos. Garante a implementação de um plano de comunicação com o negócio. Produz relatórios para os executivos influenciarem e sustentarem a mudança a longo prazo.

» **Gestor de estratégia, processos e ferramentas de aprendizado**: garante mecanismos para que o pessoal de EC tenha uma clara compreensão das habilidades e de como elas se alinham às necessidades de capacitação da função de aprendizado. Quando apropriado, conforme a hierarquia, garante que a conduta do profissional de EC esteja de acordo com os objetivos do departamento, as funções e as políticas da empresa. Analisa os processos departamentais, com base em dados numéricos e pela observação da atividade departamental. Identifica potenciais melhorias, avalia sua viabilidade e recomenda novas abordagens. Estabelece requisitos para a implementação de quaisquer alterações. É responsável por garantir a gestão eficaz de recursos para a função de aprendizagem, incluindo ferramentas, sistemas e materiais de treinamento, assim como recomendações de longo prazo para o gerenciamento de recursos.

Em um artigo publicado na Training Industry, Richard Barkey destaca que fazer com que a organização de EC seja percebida como um parceiro estratégico vai além da criação de um bom programa de aprendizado alinhado à estratégia da empresa, mas também requer o apoio do primeiro e do segundo níveis de liderança da organização. Para isso, os profissionais de EC devem ser vistos como especialistas no que fazem, entregar de acordo com as expectativas e ter um compromisso honesto com os resultados gerais dos negócios.

3.3 O NOVO ECOSSISTEMA TECNOLÓGICO DE EC

O tradicional *learning management system* (LMS), ou sistema de gestão de treinamentos, não mais atende às necessidades de proporcionar uma melhor experiência ao aprendiz corporativo, já que foi desenhado com foco nas necessidades do profissional de EC: controle de participação, avaliação, controle de custos, etc. As deficiências do LMS estão sendo cobertas por novas plataformas *on-line* digitais mais dinâmicas, que permitem que o funcionário compartilhe a responsabilidade de selecionar conteúdos e personalizar suas necessidades de aprendizado, com base em quando, onde e como prefere aprender.

Criar uma maneira digital de lidar com o aprendizado requer investimentos e, portanto, o patrocínio dos executivos da organização se faz imprescindível, assim como o trabalho de grupos interdisciplinares de especialistas (TI, RH, finanças, entre outros). É necessário que silos sejam quebrados, para que todas as áreas trabalhem em cooperação, objetivando a criação de uma cultura de crescimento, o reconhecimento e a valorização dos recursos digitais como um canal para proporcionar uma experiência de aprendizado contínuo.

À medida que o mundo se torna mais complexo do que nunca, o setor de EC tem a responsabilidade de ajudar as pessoas pela disponibilização de soluções de aprendizagem projetadas para facilitar a transição para um mundo orientado à tecnologia.

A evolução do aprendizado corporativo – que traça a evolução do setor de EC desde o primeiro LMS até as plataformas de aprendizado social e, agora, a introdução da inteligência artificial (IA) para impulsionar as atividades de treinamento – pode ser representada em três diferentes gerações:

Quadro 1. **Evolução do aprendizado corporativo**

	1ª geração	2ª geração	3ª geração
Características da área de EC	LMS, aprendizagem formal	Aprendizagem social	Aprendizagem distribuída via inteligência artificial
Papel da EC	Commodity	Facilitar as experiências de aprendizagem	Vantagem competitiva

(cont.)

	1ª geração	2ª geração	3ª geração
Foco da EC	Gerenciar treinandos	Empoderar treinandos	Experiências personalizadas, plataformas de aprendizado automatizadas, aprendizado social aprimorado
Fonte de conteúdo	Departamento de treinamento	Conteúdo gerado pelos funcionários e pela área de EC	A IA agrega e seleciona conteúdo de fontes internas e externas, de acordo com o nível de competência requerida pelo colaborador

Fonte: adaptado de Docebo (2018).

Agora, entramos na terceira geração de aprendizado, graças à introdução de algoritmos de inteligência artificial (IA) específicos para aprendizado. O aprendizado corporativo apoiado pela IA permite a personalização real da experiência de aprendizado, fornecendo aos aprendizes corporativos o conteúdo de que precisam, no momento em que precisam e da forma que precisam.

A transformação da área de EC, do modelo tradicional para o digital, passa por sete mudanças críticas de mentalidade.

Quadro 2. **Transformação do modelo tradicional para o digital**

	Tradicional	Aprendizagem digital/moderna
Foco principal do desenho	Conteúdo e processo	Experiência do aluno e relevância
Momento da necessidade	Atuação pontual	Conteúdo disponível no momento da necessidade, por múltiplos canais
Mensuração	Focado no treinamento	Focado no negócio
Velocidade de aprendizagem	Do indivíduo	Do negócio

(cont.)

	Tradicional	Aprendizagem digital/moderna
Fundamentos do processo de capacitação	Em cascata ou sistemático	Ágil e sistêmico
Ecossistema tecnológico	LMS, compartimentado	Múltiplos níveis, complexo, orientado a dados
Relação organizacional	Atividades transacionais	Sistemas holísticos e integrados que incluem treinamento

Fonte: adaptado de Kumar (2017).

Como função, precisamos continuar a mudar, passando da mentalidade focada no evento para o pensamento focado no sistema, por meio do qual criamos sistemas e ambientes para o aprendizado contínuo no trabalho. A EC deve ser entendida como um ecossistema com experiências que controlamos.

Um novo ecossistema tecnológico se apresenta para melhorar a experiência do aprendiz corporativo, bem como para automatizar e aprimorar muitas das atividades antes exercidas pelo profissional de EC.

Tanto as soluções como os provedores existentes são diversos, como mostra o quadro a seguir:

Quadro 3. **Soluções e provedores de EC**

	Treinamento formal		Informal	
	Conduzido pelo instrutor (ILT)	**e-learning**		
Experiência				**Front office** (foco no aprendiz)
		Site empresarial • SharePoint • Desenvolvido pela própria empresa	Plataforma para experiência de aprendizado • Degreed • Pathgather • Edcast	Por meio da experiência no trabalho, coaching
Entrega	Sala de aula inteligente • Prezentt • Radix • Goclass	Sala de aula virtual • GoToMeeting • Cisco Webex	LMS • Cornerstone • Sumtotal • Docebo	MOOCs corporativos • Intrepid • EdX • NovoED	Ferramentas móveis de colaboração social • AllenComm • Slack
Recursos didáticos	Provedor de recursos • MicroTek • ClassroomInABox • XanEdu	Provedor de treinamento ILT • DDI • Cegos	Mercado de treinamento • TrainUp • OpenSesame • CourseMerchant	Biblioteca de conteúdo • SkillSoft • Coursera	CMS, LCMS autoral • Adobe • Xyleme	Conteúdo informal • Ted • YouTube • KhanAcademy
Operação	Sistema para gerenciamento de recursos de treinamento (gestão de orçamento, logística e analytics) • Training Orchestra			Avaliação corporativa • Metrics	Armazenamento de registro de aprendizado • Learning Locker • Watershed	**Back office** (foco no profissional de EC)

Fonte: elaborado pelo autor.

O ambiente de negócios em que as organizações operam hoje é muito diferente de antes, pois o aprendizado não é mais visualizado no contexto de um evento de treinamento isolado e único. O aprendizado agora é visto como um processo contínuo ao longo do ciclo de vida do funcionário, sem uma data de vencimento definitiva.

3.4 TECNOLOGIAS PARA DESENVOLVIMENTO E ENTREGA DE CONTEÚDO

A área de EC presencia muitas mudanças em metodologia e tecnologias de aprendizagem. Seu objetivo principal é preencher lacunas de habilidades e criar mudanças de comportamento, mas envolve também ensinar à força de trabalho como aprender e se adaptar rapidamente, indo além da sala de aula e se tornando, em grande parte, autodirigida pelos próprios colaboradores. Conforme explicam Doug Harward e Ken Taylor (2017), da Training Industry, "o aprendizado da força de trabalho não tem a ver com cursos, mas sim com toda a experiência de aprendizado e como construímos competências e habilidades únicas para o indivíduo".

Em um artigo publicado na Biz Library, Krista Brubaker destaca que os colaboradores reconhecem que aprendem melhor em atividades fora da sala de aula. No entanto, as organizações ainda preferem concentrar-se no formato tradicional. Felizmente, a tecnologia também veio ajudar a oferecer alternativas para o treinamento fora de sala de aula e aprimorar a sua atratividade, como as seguintes:

» *Microlearning*: embora não seja uma tendência nova, os avanços dos *softwares* e soluções *on-line* tornaram o *microlearning* mais acessível para as organizações. No fundo, o *microlearning* entrega o conteúdo em pequenos pacotes de curta duração. Estudos mostram que, quando isso se aplica a vídeos, o tempo ideal para treinamento de um único conceito é de menos de dez minutos.

» **Treinamentos em vídeo**: também não é uma solução nova, mas é facilitada pelo incremento de velocidade da internet e pelas novas tecnologias para a produção de vídeos. Dois aspectos muito importantes do treinamento baseado em vídeo são: saber como integrar o vídeo a um programa de treinamento e o reforço pós-treinamento.

» **Reforço pós-treinamento**: sem os métodos de reforço pós-treinamento, grande porcentagem do que se aprende é esquecida imediatamente após o treinamento, resultando na perda de grande parte do investimento feito.

Novas tecnologias, como a oferecida pela BoosterLearn, ajudam a automatizar o reforço pós-treinamento, seja no caso de treinamentos formais ou informais.

» **Aprendizagem adaptativa**: aqui, o foco está na personalização de experiências individuais de treinamento, por meio de mecanismos de recomendação de conteúdo ou currículos adaptados à necessidade do aprendiz. Essa adaptação é ativa e acontece à medida que o colaborador progride durante o curso, considerando fatores como velocidade, confiança e precisão das respostas dadas às perguntas feitas durante o curso.

» **Gamificação**: o uso da tecnologia para fazer com que cursos se pareçam com jogos está começando a ser mais amplamente aceito e adotado. A adição de elementos de jogos é benéfica por muitas razões, tais como o maior envolvimento no treinamento, a motivação para colocar em prática o que está sendo aprendido, a competição amigável para envolver as equipes e o sentimento de conquista que tudo isso traz aos alunos.

» **Realidade aumentada e virtual**: camadas de informação são adicionadas à realidade existente, criando um ambiente simulado que pode ser aplicado de várias maneiras. Pode-se, por exemplo, simular o treinamento de instalação de uma antena em uma torre alta, em condições seguras e controladas.

» *Digital badging*: crachás digitais reconhecem uma experiência ou realização específica, como a conclusão de um projeto ou o domínio de uma habilidade. Em um contexto profissional, um aluno geralmente recebe um distintivo ao realizar apresentações, participar de institutos para desenvolver uma competência específica ou atuar em conselhos ou comitês consultivos. Os crachás digitais permitem que as comunidades profissionais identifiquem novas áreas de competência e reconheçam o domínio ou a demonstração dessas competências. Os crachás sinalizam aos colegas (e aos atuais e potenciais empregadores) uma vida profissional de aprendizado ativo, engajamento e desenvolvimento contínuo.

3.5 É O FIM DO TREINAMENTO PRESENCIAL?

Além de criar novos conteúdos, os projetistas de cursos também estão repensando como e onde as pessoas vão aprender. O rápido ritmo de mudança em praticamente todos os setores significa que elas precisam ser capazes de alavancar novos conhecimentos e habilidades rapidamente. Em uma entrevista realizada por Sarah Gale, Ed Hoffman, da Columbia University, afirmou que "velocidade, agilidade e direção se resumem à quantidade certa de aprendizado no momento certo", e que "a noção de que você só pode aprender no campus da universidade não é mais a norma".

Espera-se que os colaboradores de hoje sejam aprendizes ao longo da vida, o que significa que eles precisam de acesso constante a programas de desenvolvimento rápidos e econômicos, que desenvolvam seus conhecimentos e habilidades e, ao mesmo tempo, os ajudem a expandir sua rede de relacionamentos.

Portanto, ainda são importantes o trabalho em rede, a colaboração e a construção de relacionamentos que permitam o crescimento profissional dos colaboradores, e a sala de aula representa um elemento importante neste processo. Não se trata de priorizar uma metodologia de entrega em detrimento de outra, mas de escolher a melhor metodologia em função do que se espera obter como resultado final.

Atualmente, as tecnologias de realidade virtual e realidade aumentada permitem colocar o participante dentro de uma sala de aula e interagir ao vivo com o professor e os colegas de classe do outro lado do mundo, possibilitando ampliar a rede de relacionamentos de forma global – o que antes estava limitado à disponibilidade de verbas para viagem e de tempo de deslocamento.

Como observado por Bennis e Nanus (1997), e George (2017), vivemos atualmente tempos voláteis, incertos, complexos e ambíguos. O ambiente de trabalho para a maioria dos funcionários está em constante fluxo e é menos previsível do que nunca.

Atualmente, cerca de 40% do trabalho médio não é rotineiro, e a porcentagem de trabalho não rotineiro deve crescer para 65% até 2028 (ABELLI, 2018). À medida que os trabalhos rotineiros se tornam mais automatizados e nos movemos em direção a uma força de trabalho digital humana, as pessoas precisarão se especializar em habilidades básicas que os robôs não possuam. A Udemy for Business analisou as tendências de *soft skills* que mais crescem no mercado de trabalho em 2019 (entre mais de 30 milhões de alunos e milhares de empresas), e as 10 habilidades sociais que mais crescem no ambiente de trabalho são:

- » gerenciamento de conflitos;
- » gerenciamento de tempo;
- » gerenciamento de estresse;
- » habilidades de comunicação de negócios;

- » cultura de atendimento ao cliente;
- » inteligência emocional;
- » produtividade pessoal;
- » *storytelling*;
- » gerenciamento de mudanças.

Assim, conclui-se que as organizações, por meio das áreas de EC, precisam fornecer suporte contínuo para que os funcionários desenvolvam e aumentem essas habilidades.

QUESTÕES PARA FIXAÇÃO DO CONTEÚDO

Reflita sobre o conteúdo apresentado no capítulo e responda às seguintes questões:
1. As formas virtuais e *on-line* para a disseminação de conteúdos já demonstraram sua efetividade para temas técnicos e informativos. Para você, será possível transformar o ser humano apenas por meio da tecnologia?
2. Considerando-se que os colaboradores vêm sendo pressionados a assumir a responsabilidade pelo seu desenvolvimento, e que um número cada vez maior de soluções tecnológicas vem sendo disponibilizado para automatizar tarefas que antes eram de responsabilidade do pessoal de EC, qual será o futuro dessa área nas organizações?

REFERÊNCIAS

ABELLI, H. The Six Factors required to transform an organization into a hyper-learning entity. **Training Industry Magazine**, nov./dez. 2018. Disponível em: https://trainingindustry.com/magazine/nov-dec-2018/. Acesso em: 14 fev. 2020.

AQEEL, F. Using Virtual Reality to Improve Employee Training. Disponível em: https://trainingindustry.com/articles/learning-technologies/using-virtual-reality-to-improve-employee-training/. Acesso em: 6 fev. 2020.

BARKEY, R. Using Sales Skills in L&D to GTD (Get Things Done). Disponível em: https://trainingindustry.com/articles/professional-development/using-sales-skills-in-ld-to-gtd-get-things-done/. Acesso em: 12 fev. 2020.

BENNIS, W.; NANUS, B. **Leaders**: Strategies for Taking Charge. 2. ed. Nova York: Harperbusiness, 1997.

BRUBAKER, K. What Makes Microlearning Effective in Employee Training Programs? Disponível em: https://www.bizlibrary.com/blog/learning-methods/microlearning-in-employee-training-programs/. Acesso em: 12 fev. 2020.

DELOITTE. 2019 Global Human Capital Trends. Disponível em: https://www2.deloitte.com/us/en/insights/focus/human-capital-trends.html. Acesso em: 6 fev. 2020.

DELOITTE. Insights from IMPACT 2018. Disponível em: https://www2.deloitte.com/content/dam/Deloitte/ca/Documents/audit/ca-audit-abm-scotia-insights-from-impact-2018.pdf. Acesso em: 6 fev. 2020.

DELOITTE. Leading the social enterprise: Reinvent with a human focus. Disponível em: https://www2.deloitte.com/content/dam/Deloitte/cz/Documents/human-capital/cz-hc-trends-reinvent-with-human-focus.pdf. Acesso em: 6 fev. 2020.

DELOITTE. The rise of the social enterprise. Disponível em: https://www2.deloitte.com/content/dam/Deloitte/at/Documents/human-capital/at-2018-deloitte-human-capital-trends.pdf. Acesso em: 6 fev. 2020.

DOCEBO. 10 Mobile Learning Trends to Know before 2019. 2018. Disponível em: https://www.docebo.com/resource/10-mobile-trends-to-know-before-2019-whitepaper/. Acesso em: 6 fev. 2020.

EMERALD WORKS. The Transformation Curve: The L&D journey to deliver lasting business impact. Disponível em: https://emeraldworks.com/research-and-reports/strategy/the-transformation-curve. Acesso em: 6 fev. 2020.

GALE, S. F. Digital Degrees and Flexibility: The workplace is evolving and leadership development must adapt. Disponível em: https://www.chieflearningofficer.com/2019/07/23/digital-degrees-and-flexibility/. Acesso em: 6 fev. 2020.

GALLAGHER. 2018 Human Capital Insights Report. Disponível em: https://www.ajg.com/us/news-and-insights/2018/07/human-capital-insights/. Acesso em: 6 fev. 2020.

GEORGE, B. VUCA 2.0: A Strategy for Steady Leadership in an Unsteady World. **Forbes Magazine**, 17 fev. 2017. Disponível em: https://www.forbes.com/sites/hbsworkingknowledge/2017/02/17/vuca-2-0-a-strategy-for-steady-leadership-in-an-unsteady-world/. Acesso em: 12 fev. 2020.

GREANY, K. Profile of a modern learner [infographic]. Disponível em: https://www.elucidat.com/blog/modern-learner-profile-infographic/. Acesso em: 12 fev. 2020.

HARWARD, D.; TAYLOR, K. Trends 2018: Speed is the Heart of the Learner Experience. **Training Industry Magazine**, nov./dez. 2017. Disponível em: https://trainingindustry.com/magazine/nov-dec-2017/trends-2018-speed-is-the-heart-of-the-learner-experience/. Acesso em: 6 fev. 2020.

ILLANES, P. et al. Retraining and reskilling workers in the age of automation. Disponível em: https://www.mckinsey.com/featured-insights/future-of-work/retraining-and-reskilling-workers-in-the-age-of-automation. Acesso em: 12 fev. 2020.

KUMAR, E. Digital Transformation: The Alignment of People and Technology [Webinar]. 2017. Disponível em: https://www.gpstrategies.com/archived-webinar/digital-transformation/. Acesso em: 12 fev. 2020.

MEDVED, J. P. LMS Industry User Research Report. Disponível em: https://www.capterra.com/learning-management-system-software/user-research. Acesso em: 6 fev. 2020.

OESCH, T. Fourth-Generation Adaptive Learning and the Future of Corporate Training. Disponível em: https://trainingindustry.com/articles/learning-technologies/fourth-generation-adaptive-learning-and-the-future-of-corporate-training/. Acesso em: 6 fev. 2020.

PACHTER, R. Two Keys to a Successful Learning Strategy. Disponível em: http://www.brandonhall.com/blogs/two-keys-to-a-successful-learning-strategy/. Acesso em: 6 fev. 2020.

PANDEY, A. 5 Killer Examples On How Gamification In The Workplace Is Reshaping Corporate Training. Disponível em: https://elearningindustry.com/gamification-in-the-workplace-reshaping-corporate-training-5-killer-examples. Acesso em: 6 fev. 2020.

ROSS, E.; SCHANINGER, B.; YUE, E. S. Right-skilling for your future workforce. Disponível em: https://www.mckinsey.com/business-functions/organization/our-insights/the-organization-blog/right-skilling-for-your-future-workforce. Acesso em: 12 fev. 2020.

UDEMY FOR BUSINESS. Staying Ahead of the Digital Transformation. Disponível em: https://business.udemy.com/resources/staying-ahead-of-the-digital-transformation/. Acesso em: 6 fev. 2020.

WORLD ECONOMIC FORUM (WEF). The Future of Jobs. 2016. Disponível em: http://reports.weforum.org/future-of-jobs-2016/?doing_wp_cron=1588600262.0117011070251464843750. Acesso em: 12 fev. 2020.

4. Gamificação com jogos digitais para alavancar habilidades de planejamento estratégico e liderança

Fernando Correa Grisi*

4.1 COMO EDUCAR PARA A EMPRESA DO FUTURO E PARA O FUTURO DO TRABALHO?

A administração científica foi criada pelo americano Frederick Winslow Taylor no início do século XX, com base na aplicação do método científico à administração, com o intuito de garantir o melhor custo/benefício aos sistemas produtivos. Apesar de ser um modelo de administração usado até hoje, com os recentes avanços tecnológicos e com a automação tomando conta de tudo, o aumento da produtividade e a redução de custos têm atingindo patamares talvez nunca imaginados por Taylor. Ainda assim, com os avanços previstos para a computação quântica e a inteligência artificial, prevê-se que a rapidez de análise de dados vai gerar uma eficiência nunca vista antes no mundo dos negócios. Com a digitalização e a automação de quase tudo, uma série de perguntas surgem: No futuro, ainda teremos grandes estruturas e muitos funcionários nas organizações? Como funcionará o RH nesse contexto? Que tipo de treinamento será necessário para os trabalhadores? Será que a sala de aula ainda usará os mesmos modelos do século passado?

---

* Graduado em administração de empresas, especialista em gestão estratégica de negócios e mestre em administração de empresas. Professor universitário desde 2003, pesquisador com experiência em inovação desde 2013. É autor de dois livros, além de coautor e organizador, e escreveu vários artigos.

Magaldi e Salibi Neto (2018) analisam os impactos do processo de transformação digital no contexto da Revolução 4.0 e seus desdobramentos nos sistemas de ensino formal, destacando a crescente influência do ensino a distância e o declínio dos sistemas de ensino tradicional. Para eles, é nítido o descompasso entre as demandas de aprendizagem no século XXI e aquilo que é ofertado pelo sistema educacional vigente, que data da Revolução Francesa.

Esse descompasso já não é novidade, tanto que no âmbito do treinamento e desenvolvimento, popularizou-se desde a década de 1990 uma metodologia de ensino chamada de jogos de empresas, que usa jogos de tabuleiro para o aprendizado de habilidades gerenciais. Por sua relevância, os jogos de empresas são utilizados nas escolas de administração até hoje. Contudo, o mercado de trabalho está cada vez mais dinâmico, e para que a educação acompanhe esse ritmo, os educadores do futuro devem ser capazes de usar tecnologias em sala de aula, tais como os simuladores de negócios virtuais, que transportam os jogos de empresa para o ambiente eletrônico.

Desde 1999, quando conheci a metodologia comportamental e o uso de simuladores de empresa em sala de aula, venho estudando e praticando novos modelos educacionais e técnicas de desenvolvimento de pessoas. Comecei a empreender logo depois de me formar em administração de empresas e, em 2003, passei a dar aulas de gestão estratégica, inovação e empreendedorismo, sempre usando desafios e jogos de empresa em sala de aula. Desde 2015, desenvolvo um simulador de empresas virtual para ajudar na escalabilidade de ensino da técnica de empreender em sala de aula. Porém, essa ferramenta não se limita somente ao ensino de empreendedorismo, mas pode servir como um modelo prático de educação que consegue se adaptar a outras habilidades.

Aliada aos jogos de empresas, a gamificação é outra ferramenta usada para ajudar a desenvolver qualquer tipo de habilidade, inclusive as *soft skills*, também chamadas de habilidades leves ou socioemocionais. O termo gamificação ganhou popularidade a partir de 2010 (XU, 2012) e refere-se à aplicação de estratégias, dinâmicas e filosofias de jogos em diferentes contextos não lúdicos. Entretanto, foi Raftopoulos quem trabalhou o uso da gamificação no ambiente educativo, assim como o papel do facilitador do processo, de modo a criar uma experiência imersiva e que contribua para as narrativas globais, possibilitando o desenvolvimento de competências para o mundo atual.

Caixeirinho (2017) realizou um estudo sobre gamificação como catalisadora motivacional dos trabalhadores, na perspectiva das teorias motivacionais dentro da área de recursos humanos, destacando seu caráter versátil, cuja aplicabilidade torna-se possível em várias áreas de estudo, tais como educação, saúde ou até construção. Sua versatilidade torna possível a definição de um *framework* aplicável a todos os níveis. No entanto, o nível de abstração deve ser elevado, para que sua aplicabilidade seja de fácil compreensão nas diversas áreas. A autora chama a atenção para aspectos éticos envolvidos nesse processo, uma vez que, por seu caráter lúdico, o mercado pode explorar uma dimensão complicada do uso da gamificação em ambientes que exijam produtividade.

Contudo, alguns autores, como Araújo e Carvalho (2014), ressaltam que a gamificação não é uma panaceia que irá resolver todas as nossas necessidades, mas que deve ser utilizada da forma correta, para que não tenha o efeito contrário ou perca seu impacto. Daí a necessidade de se disseminar uma cultura de utilização da gamificação, tanto dentro das áreas de negócios (nos processos de resolução de problemas), como na área de gestão de pessoas (para o treinamento e o desenvolvimento de competências consideradas complexas). Assim, no contexto do desafio organizacional e social provocado pela transformação digital, estabelece-se a possibilidade de aceleração da curva de aprendizagem e da articulação intelectual dos grupos. A expectativa é que, por meio desse ambiente de estímulo proporcionado pela gamificação, seja testado o potencial de aceleração do aprendizado das competências centrais selecionadas.

Os jogos empresariais e a gamificação são cada vez mais utilizados dentro do ambiente de negócios pela área de recursos humanos, para reduzir tempo de treinamento e recursos. Fleury, Nakano e Cordeiro (2014) estudam a importância dos jogos digitais nesse atual contexto de aprendizagem, com destaque para o entretenimento como forte gerador de impacto.

Considerando-se tudo isso, ensinar gestão de negócios, inovação e empreendedorismo pode ser mais fácil se unirmos as teorias de gamificação e os jogos de empresa. A partir de uma competência/habilidade predefinida, é possível mesclar o uso de tecnologia com dinâmicas práticas, permitindo aos alunos vivenciar os desafios da nova administração de empresas e entender melhor o papel do departamento de recursos humanos no processo de crescimento e mudança organizacional.

4.2 EMPREENDEDORISMO SE APRENDE EM SALA DE AULA OU NO MERCADO?

Muitos associam o empreendedorismo à criação e ao desenvolvimento de negócios. Porém, mais do que isso, o empreendedorismo deve ser encarado como uma atitude para a vida, seja na empresa, na criação de novos negócios ou na ação social, pois o papel do empreendedor/líder é o de tomar as decisões certas para o desenvolvimento da empresa.

Gerenciar negócios hoje em dia está cada vez mais difícil. As organizações sempre procuraram superexecutivos, capazes de garantir sua sobrevivência ao longo do tempo e de criar a tão sonhada vantagem competitiva. Ao mesmo tempo, temos testemunhado o sucesso de jovens empresas, surgindo do nada, ocupando grandes espaços no mercado e derrubando grandes concorrentes, enquanto micro e pequenas empresas lutam para sobreviver. É preciso mostrar tudo isso aos alunos que procuram a profissão de administrador. Portanto, educar para o empreendedorismo é necessário, para garantir que os alunos percebam que não possuem uma única opção: podem ser executivos ou montar seu próprio negócio.

Resta-nos, então, a pergunta: Como promover o comportamento empreendedor nas organizações? Acredito que pelo menos parte da resposta está no desenvolvimento humano e no autoconhecimento. Acredito também ser possível despertar a capacidade empreendedora das pessoas por meio de um programa de aprendizagem no qual se possam trabalhar – de forma integral, multi e interdisciplinar – o fazer, a vivência de circunstâncias profissionais desafiadoras e a avaliação da capacidade do gestor. Em outras palavras, um programa no qual os administradores possam fortalecer e aprimorar suas atitudes, sua maneira de lidar com a pressão e suas percepções para enfrentar medos e resolver problemas.

Nos pequenos negócios, é preciso aprender por descoberta e ter atitude para agir em busca de um objetivo, comprometimento para buscar os resultados e carisma para atrair pessoas dispostas a trabalhar muito a fim de atingir o resultado esperado. É preciso liderança para cuidar da evolução, da adaptação e da manutenção do processo de aprendizagem – do próprio administrador, das pessoas e da organização. Já nas grandes organizações, essa aprendizagem precisa ser realizada em um ambiente adequado e flexível, e a estrutura da instituição deve permitir e facilitar a mudança.

Nesse sentido, aprender é modificar a forma como você se comporta no mundo dos negócios, para que possa se tornar mais eficiente e feliz. A época atual é bastante propícia para a implementação desse modelo de aprendizagem e capacitação empreendedora. O contexto é bastante delicado. O desemprego é enorme, o nível de capacitação dos profissionais em administração deixa muito a desejar e a quantidade de postos de trabalho nas grandes organizações tende a diminuir, além do grave problema de subutilização e subqualificação da mão de obra. Sendo assim, é preciso dar total condição ao aluno para tomar a decisão e tentar revelar potenciais talentos. Mas como isso é possível?

4.2.1 Experiência 1: disciplina Jogos de empresa, 1º semestre

Transformar a sala de aula em uma competição pode ser o caminho para potencializar treinamentos, além de poder servir como uma nova disciplina para os cursos de administração de empresas. As tecnologias estão disponíveis e o acesso está no bolso dos alunos e funcionários, que não conseguem mais viver sem um celular superconectado.

Em minha experiência na disciplina de jogos de empresas, o comportamento empreendedor foi estimulado em um grupo de mais de quatrocentos alunos, ao longo de quatro semestres e quatro turmas diferentes. É importante salientar que a disciplina e o jogo foram construídos sem o auxílio de *softwares* específicos. Muitas vezes, a implementação de cursos dessa disciplina esbarra na inexistência de um *software*. Quando existem opções, na maioria dos casos, são de propriedade de empresas do ramo, e o preço é elevado demais para a estrutura das faculdades. Quanto às opções de mais fácil acesso, geralmente não consideram todas as ações subjetivas da tomada de decisão estratégica nas empresas.

Dois pontos distinguem a abordagem da aula de jogos: seu compromisso com a ação empreendedora e não executiva (gerencial) e, o mais importante, o caráter empreendedor da experiência. Por isso, na disciplina, os alunos deviam montar uma indústria e se dividirem nas seguintes funções: presidente e vice-presidente de recursos humanos, finanças, produção, marketing e comercial. Em seguida, receberam cinco milhões de "dinheiros" e começaram a construir a empresa: alocaram sua fábrica em um mercado predefinido, prepararam estratégias funcionais e comercializaram o produto, que podia ser vendido em dois mercados: o da classe A, que deseja inovações e paga mais caro, e o da classe C, que quer volume e preço baixo. O papel do professor foi orientar os alunos quanto às estratégias, receber as propostas comerciais e decidir a compra dos produtos. O tempo para a tomada de decisão era curto, e a pressão psicológica era alta.

Durante o jogo, percebeu-se o comprometimento dos alunos, e alguns grupos surpreenderam com a gestão desse negócio virtual.

A simulação teve cinco objetivos:
1. abordar todas as áreas funcionais de negócios;
2. enfatizar a inter-relação entre as disciplinas;
3. aplicar planejamento estratégico e habilidades executivas;
4. estimular o espírito de competição e a necessidade de se sobressair no mercado;

5. consolidar a autoconfiança por meio de novos conhecimentos e experiências (aprender fazendo).

O jogo consistiu em cinco etapas a cada rodada, e foi composto por cinco rodadas. A experiência mostra que cinco rodadas, com uma semana de espaço entre elas, é um número bom, pois permite aos alunos ambientarem-se e sentirem as diferentes transformações do mercado.

Em cada rodada, os grupos tinham que:
» analisar oportunidades de mercado;
» escolher estratégia de competição;
» avaliar opções táticas;
» registrar uma série de decisões visando ao lucro e à participação de mercado;
» estudar dados financeiros, operacionais e de mercado.

As decisões eram comparadas com as dos concorrentes, e os resultados eram mostrados rapidamente. Vencer requeria que a equipe conseguisse analisar os dados de mercado e atuar mais rápido que a concorrência. Para tanto, foram enfrentados desafios em relação ao planejamento do fluxo de caixa, a criação do design do produto, a programação da produção, a administração da cadeia de valor, a análise da lucratividade, o planejamento e a administração estratégica, dentre outros. O cenário consistia em estabelecer as informações de um determinado ramo e as opções estratégicas de cada grupo.

4.2.2 Experiência 2: disciplina Jogos de empresa, 2º semestre

No segundo semestre, vinte e duas empresas foram criadas com um capital de cinco milhões de "dinheiros", e os resultados foram: três se tornaram grandes empresas globais, com crescimento de até 500%; quatro se tornaram grandes empresas, com crescimento de 300%; cinco se tornaram médias empresas nacionais, com crescimento entre 30% e 100%; seis empresas se tornaram pequenas empresas, quase sem lucratividade (não atingiram o ponto de equilíbrio); e quatro empresas foram à falência.

Ao final da simulação, muitos alunos comentaram sobre como ela contribuiu para seu aprendizado. Sua percepção mostra que puderam utilizar no dia a dia da empresa fictícia muito do que haviam aprendido em sala de aula. Também relataram ter aprendido na prática as variáveis que um gestor tem que levar em conta ao tomar decisões. Uma das grandes vantagens reconhecidas é que no ambiente controlado da simulação eles podem errar, falar e agir sem medo, o que permite o aprendizado de importantes lições práticas. Em suma, os resultados apresentados demonstram que é possível estimular o comportamento empreendedor nos alunos.

No final, mais de 90% dos alunos aprovaram a nova abordagem de ensino e conseguiram vivenciar o dia a dia de um dono do negócio. Isso mostra que inovar na forma de ensino é possível, desde que o professor saiba como lidar com a pressão, a frustração e a cobrança dos alunos.

4.2.3 Experiência 3: disciplina gestão de recursos humanos

O uso de um jogo de empresas visando ao desenvolvimento das competências relacionadas à gestão do capital humano nas organizações também foi experimentado em uma disciplina obrigatória do 3º semestre de um curso de administração. O objetivo central era propiciar aos alunos a compreensão sobre o papel estratégico da gestão de pessoas, desenvolvendo conceitos de estratégia organizacional relacionados a ferramentas de mensuração e avaliação de performance. A partir dessa premissa, e buscando tratar a curva de aprendizagem para o desenvolvimento das competências estratégicas, foi construída a seguinte mecânica de gamificação.

A escolha do jogo a ser aplicado foi determinada pela sua facilitação com o contexto de aplicação, com o ambiente e com os recursos financeiros disponíveis. O jogo selecionado encontra-se no livro *Jogos para gestão de pessoas: maratona para o desenvolvimento organizacional*. Especificamente, o jogo "Quem quer ser presidente?". Nessa atividade, os participantes são desafiados a construir padrões com um *pool* de competências correspondentes a cargos previamente definidos.

O objetivo central dessa vivência foi compreender o potencial da gamificação como mecanismo de desenvolvimento de competências relevantes para o mundo dos negócios, tais como a capacidade estratégica, o pensamento analítico e o trabalho em equipe.

A participação foi de, em média, 30 alunos, divididos em 6 grupos, durante 16 aulas, com carga horária de 2 horas em cada sessão. Para potencializar os resultados desejados, cada fase do jogo foi intercalada com atividades práticas em sala de aula e em ambiente virtual de aprendizagem.

Os grupos iniciais formaram suas empresas, tiveram acesso às mesmas informações de mercado e tomaram decisões de acordo com seu próprio perfil. A liderança variou muito e influenciou diretamente na estratégia das equipes. Após a implementação da estratégia escolhida, as empresas que se tornassem inviáveis tinham duas opções: a equipe podia ser dissolvida e se candidatar a vagas de emprego que surgissem no período, ou então se reestruturar, contando com um empréstimo. No percurso, as empresas puderam fazer fusões e contratações de pessoal, e os próprios participantes gamificaram o processo de recrutamento e seleção, criando metodologias de qualidade. No final, as empresas apresentaram os resultados das suas estratégias para uma banca de investidores composta por profissionais de mercado.

O desenvolvimento desse cenário, considerando todos os riscos envolvidos, foi possível por se tratar de um jogo. Em uma situação real, os participantes não poderiam testar certos mecanismos, considerando todo o aparato que normalmente está envolvido em um contexto de negócio.

A avaliação final dos alunos foi consolidada no formato de pontos fortes e pontos fracos, para simplificar o que foi percebido como experiência por eles. Pela sua percepção dos resultados, verificou-se que o jogo contribuiu para desenvolver as seguintes competências relacionadas à gestão de pessoas e à tomada de decisão:

» planejamento estratégico;
» proatividade;
» negociação;
» comunicação;
» visão estratégica;
» organização;
» visão sistêmica;
» trabalho em equipe;
» formação de estratégias;
» espírito empreendedor;
» liderança;
» flexibilidade;
» paciência;
» persuasão;
» oratória;
» tomada de decisão em grupo;

- » visão do futuro e das outras empresas;
- » desenvolvimento de processos em equipe;
- » maior dinâmica de empresa;
- » motivação;
- » disciplina;
- » resiliência;
- » adaptabilidade;
- » trabalho com prazos;
- » atuação com preços nas decisões;
- » comprometimento com tarefas semanais;
- » conhecimento de mercado.

Em relação à gestão de pessoas, as competências mais reconhecidas pelos alunos foram:

- » planejamento estratégico;
- » trabalho em equipe;
- » liderança.

Em relação à tomada de decisão, as competências mais reconhecidas foram:

- » recolocação no mercado de trabalho;
- » participação em processos seletivos.

4.3 APREENSÃO DE CONHECIMENTOS

O processo de vivenciar o aprendizado de conteúdos complexos – como o *balanced scorecard*, considerado uma teoria densa pelos alunos – foi facilitado pelo jogo empresarial, que propiciou o entendimento e o exercício prático vivencial. Assim, foi possível observar o crescimento profissional e pessoal dos participantes, que se tornaram capazes de lidar com os desafios e problemas que ocorreram durante o processo, pois conflitos foram gerados e as dificuldades foram inúmeras, mas todos foram capazes de lidar com eles de forma madura, sem prejudicar os concorrentes.

Aplicar a gamificação não é sucesso garantido. Pelo contrário, pode ser uma faca de dois gumes, gerando a percepção de baixo aprendizado nos alunos, além de frustração e sensação de que estão somente brincando. Por isso, desde o início do projeto, foi necessário reiterar o contrato de trabalho com os participantes, reposicionar os objetivos e prover explicações densas, o que foi bastante cansativo. Porém, os ganhos superaram as dificuldades e os percalços que fizeram parte dos aprendizados mútuos, recomendando a continuidade do projeto.

Os alunos, acostumados com as metodologias passivas de aulas expositivas, nas quais ficam como expectadores do processo de ensino e aprendizagem, tiveram dificuldades para se engajar na gamificação. Como as aulas ocorriam às sextas-feiras, das 7h30 às 9h10, no início, alguns alunos ficavam no fundo da sala tentando dormir. Porém, logo perceberam que precisavam se engajar nas atividades para entender o que estava ocorrendo, ou foram cobrados pelos colegas, os CEOS e os gestores de RH das empresas criadas. Assim, a partir da quarta aula, percebeu-se o aumento significativo do engajamento e a assiduidade dos alunos.

A experiência nos faz concluir que tanto o professor quanto os alunos precisam desenvolver um papel ativo e responsável, pois é exigido um maior engajamento de todos, principalmente para fazer a gestão dos conflitos que surgem a partir do convívio em grupo. Entende-se que há a necessidade de planejamento passo a passo e de avaliação do processo, para que se faça a correção de rota o quanto antes. Entende-se também que, muito mais do que o uso das tecnologias e recursos, é essencial que o docente tenha total clareza sobre seu papel e fundamentação teórica sobre o que é gamificação. Da mesma forma, é preciso que tenha clareza sobre o que não é gamificação, pois o limite entre o jogo e a dispersão é tênue. Da mesma forma, o pacto entre docente e discentes para que entendam o papel da gamificação torna-se importante para que a comunicação e a empatia aconteçam da melhor forma possível, e para que a aquisição das competências planejadas ocorra. Ao final, a autoavaliação e a compreensão de quais competências os alunos adquiriram é o passo que solidifica o processo.

4.4 EDUCAR PARA O EMPREENDEDORISMO

Para capacitar as pessoas e conseguir despertar nelas o comportamento empreendedor, a transformação é o melhor caminho: transformar os indivíduos para que eles transformem os modelos de criação de emprego e busquem o conhecimento necessário para realizar seus sonhos. Sabe-se que nem todos têm potencial empreendedor, mas com a simulação de negócios é possível dar ao aluno a opção de escolha, e o melhor de tudo é que essa escolha é aprendida durante o curso de administração e dentro da sala de aula, onde o erro não é punido por gestores e os prejuízos financeiros não são reais. O erro em sala de aula é corrigido pelo professor, juntamente com o aluno, que aprende a aplicar todos os conceitos do curso de administração de empresas e, o que é mais importante, aprende a conhecer a si mesmo, identificar seus medos e suas barreiras ao aprendizado, além de ter a oportunidade de escolher a carreira que mais se encaixa com seu sonho.

É fato que o empreendedorismo se tornou um assunto em evidência, e disseminá-lo por meio da educação parece ser um bom caminho. As ações apresentadas neste capítulo visam chamar a atenção para este tema e atrair cada vez mais pessoas interessadas, sejam elas professores, pesquisadores ou empresários (tanto dos setores público quanto privado).

Acredito que educar para o empreendedorismo é a melhor saída para ampliar o conhecimento das pessoas e melhorar a gestão de organizações, visto que, quanto maior o conhecimento sistêmico do gestor, melhor e maior a sua chance de ter sucesso como empreendedor. A educação empreendedora e sustentável pode ser um excelente caminho para garantir um novo sistema de desenvolvimento, um sistema no qual o conhecimento é construído coletivamente.

Ao criar um ambiente de aprendizado a partir da simulação de negócios, em que o aluno é o empreendedor, consegui grandes resultados, e a cada novo semestre a simulação é reformulada de acordo com as experiências do educador e dos educandos. De acordo com o objetivo da disciplina ou do treinamento, o jogo pode ser adaptado. A formação do professor ou facilitador é o primeiro passo para o sucesso da metodologia. Tudo está mudando muito rápido e as escolas precisam acompanhar logo este ritmo.

QUESTÕES PARA FIXAÇÃO DO CONTEÚDO

Reflita sobre o conteúdo apresentado no capítulo e responda às seguintes questões:
1. Quais as dificuldades de se aprender habilidades como tomada de decisões e liderança somente na teoria?
2. Como você pode usar a gamificação em sala de aula e conseguir engajar os alunos usando a tecnologia?
3. Como você pode usar metodologias ativas em sala de aula?

REFERÊNCIAS

ARAÚJO, I. C.; CARVALHO, A. A. Gamificação: uma oportunidade para desenvolver alunos na aprendizagem. *In*: CARVALHO, A. A. *et al.* (org.). **Atas do 2º Encontro sobre Jogos e Mobile Learning**. Braga: CIEd. Portugal, 2014.

CAIXEIRINHO, S. C. M. **Gamification como catalisador motivacional dos trabalhadores**: uma metodologia para aumentar a produtividade. Dissertação (Mestrado) – NOVA Information Management School/Instituto Superior de Estatística e Gestão de Informação, Universidade Nova de Lisboa, Portugal, 2017.

FLEURY, A.; NAKANO, D.; CORDEIRO, J. H. D. **Mapeamento da indústria brasileira e global de jogos digitais**. São Paulo: GEDIGames/USP, 2014.

MAGALDI, S.; SALIBI NETO, J. **Gestão do amanhã**: tudo o que você precisa saber sobre gestão, inovação e liderança para vencer na 4ª Revolução Industrial. São Paulo: Editora Gente, 2018.

RAFTOPOULOS, M. What Are the Most Effective Uses of Gamification in Learning? Disponível em: http://elearningindustry.com/how-gamification-reshapes-learning#marigo-raftopoulos. Acesso em: 14 maio 2018.

XU, Y. Literature Review on Web Application Gamification and Analytics: CSDL Technical Report, abr. 2012. Disponível em: http://csdl.ics.hawaii.edu/techreports/11-05/11-05.pdf. Acesso em: 20 dez. 2019.

5. Novas práticas de recrutamento e seleção

Caroline Mihailovici[*]

5.1 UMA NOVA GERAÇÃO DE PROFISSIONAIS

Cada vez mais, ouvimos falar sobre modelos ágeis, IOT, inteligência artificial, robótica e *blockchain*. Já vivemos a nova Revolução Industrial, também chamada de Indústria 4.0, em que a tecnologia se instaura em qualquer negócio, e não há mais dúvidas de que precisamos dela para melhorar os indicadores e os resultados. Somos desafiados a nos adequar aos novos modelos de negócio que estão surgindo, a ter os melhores índices de eficiência e a acompanhar todas essas tendências. As instituições precisam elaborar estratégias de captação de talentos, acelerar o desenvolvimento de pessoas e, principalmente, criar o futuro da organização.

Anteriormente, nem as empresas nem as pessoas tinham tanto acesso a informações como vemos nos dias de hoje. Isso fazia com que as empresas aceitassem certos perfis de funcionários, e as pessoas também se submetiam a certas culturas organizacionais, sem muitos questionamentos, afinal, não tinham acesso a outros modelos que não fossem voltados para execução.

Esse modelo de contratação passou a ser questionado e ajustado conforme as mudanças do mercado e o impacto ocasionado nas pessoas. O acesso a informações como benefícios, salários, avaliação de funcionários, posicionamento estratégico e financeiro, e até mesmo a reputação da empresa como marca empregadora, fez com que os candidatos se empoderassem cada vez mais, o que impactou diretamente

---

[*] Graduada em psicologia pela PUC-SP com ênfase em gestão de carreira. Possui experiência na área de recursos humanos com ênfase em recrutamento e seleção e desenvolvimento organizacional. Contato: carolinemihailovici@gmail.com

os modelos de prospecção de novos candidatos e de sustentação do profissional dentro da companhia, pois a relação do indivíduo com o trabalho vem sendo ressignificada.

Uma pesquisa feita pelo site Love Mondays, realizada em julho de 2017 com 4.700 profissionais, aponta que 76% dos profissionais pesquisam sobre a empresa antes de se candidatar a uma vaga, e o resultado dessa busca influencia sua escolha de entrar ou não na organização. As principais fontes de informação obtidas pelo candidato, segundo a pesquisa, são: Google (24,5%), Love Mondays (17,4%), Vagas (16,6%), LinkedIn (15,3%), site da própria empresa (11,2%), Facebook (8%) e Catho (6%).

Nesse contexto, as empresas começaram a ser desafiadas e passaram a se questionar: O que faz com que as pessoas queiram trabalhar para nós? Como podemos reter e manter o engajamento dessas pessoas após entrarem para a instituição? Será que devemos falar mais em reconhecimento, considerando essa nova geração de profissionais? O que motiva esses novos profissionais?

5.2 EMPLOYER BRANDING

De acordo com Stewart e Brown (2018), o conceito de *employer branding* (EB), traduzido em português como marca empregadora, relaciona-se diretamente às práticas de marketing e recursos humanos das empresas, principalmente pelo departamento de recrutamento e retenção de talentos. Entende-se *employer* como a pessoa ou empresa que contrata trabalhadores. Já *branding* vem da palavra em inglês *brand*, que significa marca e está atrelada ao nome, símbolo ou expressão (ou a combinação destes) que identifiquem o criador ou o vendedor de um produto que identifica uma empresa específica, segundo Keegan e Green (1999). O princípio do *employer branding* é entender e mapear quem são as pessoas que a empresa quer atrair, pois a ideia não é ser atrativa para qualquer público, mas sim para os futuros talentos que estejam alinhados com o posicionamento e à clareza da marca.

5.2.1 Consumer branding

Outro grande desafio das empresas é entender o *consumer branding* (CB), traduzido como marca consumidora. Segundo Neil Patel, cofundador da NP Digital, *consumer branding* é "a estratégia de gestão da marca, envolvendo todas as ações que têm por objetivo torná-la mais forte e mais presente no mercado, sendo reconhecida pelo público, admirada e desejada por aquilo que oferece". Essa noção está atrelada ao posicionamento de marca empregadora. Porém, as ações de *consumer branding* não são suficientes para instigar nos consumidores a vontade de quererem fazer parte do time da empresa. Como, então, engajar os consumidores para que queiram fazer parte da equipe da marca? Como fazer a transição de um consumidor para um potencial talento da empresa?

Segundo Luciana Caletti, CEO do Love Mondays, o conceito de marca deve ser atrelado à reputação. Porém, quando se fala da reputação de uma marca, esse não é um movimento apenas externo, pois o trabalho deve ser interno: se há funcionários comprometidos com o propósito e com os valores da empresa, há multiplicadores. Ou seja, a própria marca deve criar a reputação que almeja, pois se não o fizer, alguém fará por ela.

Para iniciar um trabalho de marca empregadora, três pontos são essenciais: o primeiro pode parecer óbvio, mas muitas empresas esquecem de colocá-lo em prática: ouvir os talentos internos, ou seja, entender como os funcionários enxergam o ambiente de trabalho, o que eles falam sobre a empresa no seu ambiente pessoal, em conversas com colegas e fornecedores. Uma ferramenta capaz de medir esse ponto é a pesquisa de clima, pois de forma anônima, os funcionários podem informar suas percepções a respeito do ambiente de trabalho, as principais razões por que trabalham na organização e o que a empresa precisa desenvolver. Além disso, essa ferramenta demonstra que a empresa quer ouvir os funcionários e identificar pontos que precisam ser aperfeiçoados, ditando assim a cultura organizacional.

O segundo ponto é o engajamento e a abertura da alta e da média liderança. Não adianta realizar uma pesquisa de clima se a liderança não está aberta para escutar as coisas boas e ruins que aparecem na pesquisa. Vale lembrar que o disparo de uma avaliação aos profissionais gera diversas expectativas, de modo que de nada adianta fazer uma pesquisa de clima se em seguida não forem propostas soluções e melhorias. Os líderes precisam estar dispostos a ouvir e desenhar planos de ação dentro dos seus times, de forma transparente. As iniciativas de EB ditam uma cultura organizacional, geram valor agregado e reduzem o *turnover*, ou desligamento da empresa.

O terceiro e último ponto é a comunicação interna, pois o apoio dos funcionários é essencial para dar certo. Se a empresa não for transparente e objetiva com o pessoal interno, ela com certeza não terá o apoio necessário no momento de passar essa visão para fora. É importante que os funcionários sejam parte do processo, para que este seja definido em conjunto e para que haja o sentimento de pertencimento e de empoderamento. Segundo Lina Nakata, gerente de conteúdo da Great Place to Work, as empresas que conseguem transformar funcionários em embaixadores da marca são aquelas "que conseguem gerar senso de comprometimento e engajamento dos atuais funcionários, o que aumenta a produtividade – eles passam a encarar a relação com a empresa como algo além da simples troca de trabalho por salário". O nome da empresa, na maioria das vezes, já faz parte da identidade do funcionário, quase como um sobrenome. Normalmente, quando conhecemos uma pessoa, as primeiras perguntas que costumamos fazer são: "Qual é o seu nome?" e "Onde você trabalha?" Por isso, as áreas de recursos humanos, comunicação interna e marketing precisam trabalhar em parceria desde o momento inicial.

5.3 EMPLOYEE VALUE PROPOSITION

Após esse mapeamento dos três primeiros pontos, a empresa precisa definir qual o diferencial oferecido e como será atrelado a seus valores e a seu propósito. Essa ação é conhecida como *employee value proposition* (EVP) e serve para criar uma boa imagem da empresa no mercado, agregando valor aos futuros talentos e aos funcionários atuais que reconhecem o esforço da organização em se manter como um lugar em que vale a pena trabalhar.

Para entender a cultura da empresa, é importante ouvir o que os próprios funcionários pensam da organização. Não faz sentido ter uma cultura que não condiz com a realidade. Portanto, a transparência é crucial para uma marca empregadora. Todos sabem que empresas possuem pontos bons e pontos de melhorias, e apresentá-los demonstra a maturidade e a preocupação da organização em corrigir suas falhas. Trabalhar de forma coerente e transparente tem por objetivo minimizar a insegurança dos candidatos e dos funcionários. Esse posicionamento também diminui o processo de desligamento voluntário dos funcionários, pois eles passam a ter mais credibilidade na marca, além de se tornarem embaixadores da empresa, pois se identificam com o propósito da organização.

5.3.1 *Employee experience*

Até aqui, já falamos sobre marca empregadora e sobre valores e posicionamento das empresas que se destacam no mercado. Porém, retornando ao ponto inicial: como recrutar, engajar e reter esses talentos que compram as ideias da empresa?

Vamos falar de um termo conhecido no mercado como *employee experience,* ou experiência do funcionário. Segundo Bruno Arins, redator da Great Place to Work, essa expressão representa a soma de todas as experiências de um funcionário por meio da sua conexão com a organização – todas as interações do colaborador, desde o primeiro contato como um candidato potencial, até o fim do vínculo de trabalho com a empresa, ou seja, trata-se de toda a jornada do candidato, desde o momento em que se inscreveu ou foi abordado pela empresa, passando pelas etapas de entrevistas e testes, o processo admissional e o período de integração, até o seu desligamento final.

A grande pergunta, então, é: Como tornar esta jornada do profissional inesquecível, a fim de que ele se torne embaixador da marca?

A fim de manter um processo transparente e sem expectativas divergentes da realidade, conforme abordado até aqui, o primeiro passo é rever a imagem da empresa e os verdadeiros valores que emprega. Depois, precisamos entender o processo seletivo como a porta de entrada para os talentos que buscamos atrair. Por isso, precisamos tornar a experiência incrível, tanto aos candidatos escolhidos quanto aos reprovados.

Normalmente, a primeira porta de entrada do profissional são os meios digitais. Por isso, é essencial que as empresas mantenham seus canais de comunicação atraentes e atualizados, pois são porta-vozes da empresa para o mercado. Facilitar o acesso do público às informações é o primeiro indício de como a empresa se comunica.

Aos profissionais de recrutamento e seleção, cabe um grande desafio: aprender sobre a vaga de forma que o candidato possa tirar todas as suas dúvidas, pois o recrutador passa a ser o ponto focal do profissional durante o processo seletivo. Para obter sucesso no processo seletivo, é essencial realizar o alinhamento de perfil, entender o momento da área, conhecer o perfil comportamental do gestor e do time e, principalmente, compreender qual é a estratégia que a empresa desenhou para a área. Assim, não basta apenas entender as atividades que o candidato irá realizar e o perfil comportamental esperado, pois embora importantes, não passam de um recorte descontextualizado do verdadeiro dia a dia da área como um todo.

Durante o 2º Fórum Love Mondays de *employer branding,* Carla Blanquier, *head* de RH do iFood, apresentou uma de suas estratégias para engajar o público em sua marca e mudar a forma de se comunicar com os candidatos reprovados em seus processos seletivos. Ela implementou o retorno negativo personalizado, com o intuito de dar insumos aos candidatos e explicar os porquês de não terem sido selecionados e a estratégia da empresa para a vaga. Também realizaram parcerias com outras empresas, com o intuito de indicar profissionais qualificados que não conseguiram ser absorvidos em seu processo seletivo.

Após a implementação dessa ação, a empresa passou a dobrar a quantidade de candidatos inscritos nas oportunidades abertas, provavelmente porque os profissionais que haviam passado pelo processo seletivo (sendo aprovados ou não) foram engajados e impactados pela marca empregadora.

As empresas devem estar atentas ao programa de recrutamento interno, em que os próprios funcionários podem se candidatar às oportunidades sem serem indicados pelo gestor ou pela área de recursos humanos. Esse programa empodera os próprios profissionais, permitindo-lhes desenhar sua própria carreira independentemente da empresa, além de reforçar a marca empregadora.

Às empresas que buscam promover essa ação, recomenda-se que abram as oportunidades primeiro no programa de recrutamento interno e só depois no mercado como um todo, pois isso reforça o quanto a empresa está disposta a considerar os talentos internos. O Instituto Brasileiro de Coaching (IBC) aconselha que a empresa deixe claro quais são os critérios de seleção aplicados, além de tratar os colaboradores de modo igualitário.

As principais vantagens indicadas pelo IBC nesse processo são a motivação dos profissionais; a retenção de talentos; a fidelização dos profissionais e o reforço da marca empregadora; a promoção do crescimento profissional; a diminuição dos custos de recrutamento; o incentivo à competição saudável; a maior integração dos profissionais com os processos da empresa; o conhecimento que os candidatos já têm da cultura da empresa; e a diminuição da rotatividade.

Caso a oportunidade não seja fechada com algum candidato interno, recomenda-se que o gestor da posição, junto com a área de recrutamento, realize o *feedback* estruturado do funcionário e desenhe, junto com ele, uma jornada de conhecimento que possa capacitá-lo para futuras vagas.

Outro processo elementar, que muitas vezes está atrelado ao processo descrito acima, é o programa de indicação, em que os funcionários indicam colegas para trabalhar na instituição. Essa é outra ação que reforça o EVP, pois os funcionários, geralmente, têm uma forte rede de relacionamentos e já confiam nas pessoas que virão a ser contratadas pela empresa, além de conhecerem o que a empresa deseja. Algumas empresas atrelam à indicação feita pelos funcionários uma recompensa financeira, caso o profissional indicado seja contratado.

Os candidatos também têm uma visão mais realista do trabalho e da empresa por causa dos *insights* adicionais que recebem do funcionário de referência, informa Laura Kerekes, diretora de conhecimento da ThinkHR, uma empresa de soluções de RH, em uma entrevista feita por Saige Driver, do *Business News Daily*. Por esse mesmo motivo, tendem a permanecer por mais tempo nas instituições, em comparação com os profissionais recrutados pelos demais meios.

Em um artigo na *Época Negócios*, Barbara Bigarelli comenta sobre uma pesquisa feita pelo LinkedIn, em 2016, segundo a qual, 60% dos entrevistados afirmaram que é por meio das indicações que eles realizam as contratações, contra 48% no nível global. Se a experiência do candidato foi positiva durante todo o processo de seleção, o novo desafio é: como mantê-lo engajado nos primeiros meses de trabalho?

A jornada de experiência do profissional começa com seu primeiro contato com a empresa, e um dos momentos cruciais após o fechamento da vaga é o processo de *onboarding*, ou integração. Segundo um estudo conduzido por Talya Bauer (2011), da SHRM, um em cada cinco novos funcionários deixa a empresa nos primeiros quarenta e cinco dias após a contratação. Por isso, é fundamental que as empresas tenham um plano de integração estruturado. Senão, todo esforço inicial de atração, seleção e engajamento do candidato não terá mais valia.

Uma pesquisa feita pela O. C. Tanner informa que os funcionários que passam por um programa de integração estruturado são 69% mais propensos a permanecer por três ou mais anos na empresa. Isso acontece, pois logo após a contratação os novos admitidos devem absorver o funcionamento da empresa, suas atividades, sua cultura, a dinâmica da equipe e outras informações. Então, quando se percebem sozinhos nessa jornada, facilmente se desmotivam, por não sentirem o acolhimento necessário nesse primeiro momento. Por isso, é de extrema relevância manter o processo de *onboarding* além dos primeiros meses.

Esse processo de integração deve ser esclarecedor e agregador para o novo funcionário, englobando a apresentação da cultura; do propósito e dos valores da empresa; da equipe de trabalho; do ambiente físico; dos benefícios; dos horários de trabalho; dos serviços ofertados na região do escritório; do alinhamento de tarefas e expectativas nos primeiros meses; do conhecimento das equipes com maior integração dentro da empresa; das capacitações e a organização das trilhas de conhecimentos necessários; do alinhamento entre o desenvolvimento profissional e o *feedback*. Muitas empresas consideram que todo esse processo deve durar em torno de três meses, que é o tempo de maturação para que os novos funcionários compreendam todos os novos aprendizados e processos.

5.3.2 Métricas de EVP

Todas essas ações fazem parte da construção do EVP da empresa. Porém, para entendermos se elas estão reverberando positivamente dentro da organização, existem algumas métricas de curto, médio e longo prazo, que devem ser utilizadas para entendermos se todo o investimento feito nessas ações está valendo a pena. Durante a mesa redonda realizada no 2º Fórum Love Mondays de *employer branding*, os *heads* de recursos humanos de diversos segmentos apontaram quais são as métricas que devem ser analisadas.

No curto prazo, as pessoas precisam estar mais impactadas com a marca, de forma que isso reflita diretamente nas redes sociais da empresa. Outro ponto importante é a comparação com a concorrência: realizar o *benchmarking*, ou pesquisa de mercado, para entender como as demais empresas estão engajando as pessoas e o público-alvo. No entanto, lembre-se de que criar novas alternativas, além das já praticadas, é ter um diferencial.

O aumento de candidatos qualificados e dentro do perfil procurado também é um indicativo importante de um bom trabalho de EB, pois mostra que a empresa está conseguindo atingir o público pretendido. E o último indicador efetivo de um bom trabalho de marca empregadora é a aceitação da proposta pelos candidatos. Esse indicativo é a comprovação de que os profissionais enxergam valor agregado na empresa, estão engajados em fazer parte do time e, provavelmente, podem ser embaixadores da marca.

As métricas de médio e longo prazo (mais de seis meses) apresentam indicativos qualitativos e quantitativos. O primeiro deles é o impacto no custo das contratações, que tende a cair drasticamente, pois a empresa já se posiciona e atrai os talentos aderentes ao seu perfil. Isso gera também uma diminuição no tempo para preenchimento das vagas e na qualidade dos profissionais – uma métrica possível de ser medida nas avaliações de desempenho dos novos profissionais, após o período de *onboarding*.

Por fim, os processos utilizados para a medição do clima organizacional, como a própria pesquisa de clima, refletem-se na satisfação dos empregados e, possivelmente, na retenção de talentos, visto que o resultado de *turnover* da empresa tende a diminuir.

QUESTÕES PARA FIXAÇÃO DO CONTEÚDO

Reflita sobre o conteúdo apresentado no capítulo e responda às seguintes questões:
1. Por que a área de atração precisa se reinventar?
2. Quais fatores importam para a definição de uma estratégia de *employer branding* e de *employee experience*?
3. Qual é a diferença entre *employer branding* e *employee experience*? Qual é a importância dessas duas iniciativas para as empresas?

REFERÊNCIAS

ARINS, B. Glossário do RH: termos em inglês usados na gestão de pessoas. Disponível em: https://gptw.com.br/conteudo/artigos/glossario-do-rh-em-ingles/. Acesso em: 10 jan. 2020.

ARINS, B. Programa de *Onboarding*: como a integração impacta o colaborador. Disponível em: https://gptw.com.br/conteudo/artigos/programa-de-onboarding-impactos/. Acesso em: 10 jan. 2020.

BAUER, T. N. Onboarding new employees: Maximizing success. SHRM Foundation's Effective Practice Guideline Series. Disponível em: https://www.shrm.org/foundation/ourwork/initiatives/resources-from-past-initiatives/Documents/Onboarding%20New%20Employees.pdf. Acesso em: 10 jan. 2020.

BAUMANN, A. [Infographic] The Onboarding New Hire Statistics You Need to Know (with 2018 Updates). Disponível em: https://www.urbanbound.com/blog/onboarding-infographic-statistics?_ga=2.93225437.1360455767.1573515403-1706536658.1573515403. Acesso em: 18 nov. 2019.

BIGARELLI, B. As tendências de recrutamento para 2017 no Brasil. Disponível em: https://epocanegocios.globo.com/Carreira/noticia/2016/12/tendencias-de-recrutamento-para-2017-no-brasil.html. Acesso em: 10 jan. 2020.

CALETTI, L. Palestra no 2º Fórum Love Mondays de *Employer Branding*. Disponível em: https://www.youtube.com/watch?v=Cy3s2t0ebAA. Acesso em: 9 jan. 2020.

CUSTÓDIO, J. 8 ações de endomarketing para transformar seus colaboradores em defensores da marca. Disponível em: https://www.peepi.com.br/blog/acoes-de-endomarketing/. Acesso em: 13 nov. 2019.

CUSTÓDIO, J. Comunidade de Marca: Por que sua empresa precisa ter uma? Disponível em: https://www.peepi.com.br/blog/comunidade-de-marca/. Acesso em: 12 nov. 2019.

CUSTÓDIO, J. Embaixadores da Marca: quem são e como criar um Programa de Embaixadores. Disponível em: https://www.peepi.com.br/blog/embaixadores-da-marca/. Acesso em: 12 nov. 2019.

DRIVER, S. How to Create a Great Employee Referral Program. Disponível em: https://www.businessnewsdaily.com/8737-employee-referral-program.html. Acesso em: 10 jan. 2020.

GLASSDOOR. *Employer Branding* na prática, mesa redonda no 2º Fórum Love Mondays de *Employer Branding*. Disponível em: https://www.youtube.com/watch?v=9nItfUVSirA. Acesso em: 18 nov. 2019.

INSTITUTO BRASILEIRO DE COACHING (IBC). Recrutamento Interno: As vantagens e desvantagens do processo. Disponível em: https://www.ibccoaching.com.br/portal/rh-gestao-pessoas/recrutamento-interno-vantagens-desvantagens-processo/. Acesso em: 14 nov. 2019.

KEEGAN, W. J.; GREEN, M. C. **Princípios de marketing global**. São Paulo: Saraiva, 1999.

NAKATA, L. A era do *Employee Experience*. Disponível em: https://gptw.com.br/conteudo/artigos/employee-experience/. Acesso em: 18 nov. 2019.

O. C. TANNER. An Onboarding Checklist for Success. Disponível em: https://www.octanner.com/insights/articles/2018/9/14/an_onboarding_checkl.html. Acesso em: 10 jan. 2020.

PATEL, N. *Branding*: O que é, como fazer gestão de marca e exemplos. Disponível em: https://neilpatel.com/br/blog/branding/. Acesso em: 10 jan. 2020.

PEOPLE ORIENTED. Por que o RH deve se preocupar em criar reputação e não apenas em contratar. Disponível em: http://peopleoriented.com.br/porque-o-rh-deve-criar-reputacao/. Acesso em: 10 jan. 2020.

RUFINO, I. Sua empresa é objeto de desejo dos funcionários? Disponível em: https://dcomercio.com.br/categoria/gestao/sua-empresa-e-objeto-de-desejo-dos-funcionarios?_ga=2.5620147.164606448.1573416840-242619404.1573416840. Acesso em: 12 nov. 2019.

STEWART, G. L.; BROWN, K. G. **Human Resource Management**. 4 ed. Hoboken: Willey, 2018.

6. *Employer branding:* o poder da atração, retenção e engajamento de uma marca empregadora

Myrt Thânia de Souza Cruz*

6.1 A CONSTRUÇÃO DE UMA MARCA EMPREGADORA

Cada vez mais, as empresas vêm buscando manter-se competitivas e atraentes para as novas gerações, especialmente mantendo-se à frente dos seus competidores. Um dos principais diferenciais nesse sentido é a marca empregadora: o poder de atração, retenção e engajamento de uma empresa, também chamado de *employer branding*. Atualmente, não basta que a empresa seja atraente para seu consumidor; é cada vez mais importante que ela desfrute de um potencial de reputação que a diferencie no mercado. A equação é simples, mas o processo de torná-la atraente e com boa reputação empregadora é extremamente complexo e caro. Esta complexidade exige que a empresa evidencie seus valores, sua cultura e posicionamento perante os acontecimentos e fenômenos que a sociedade está vivenciando. Não é mais possível manter-se alheia ou neutra frente à complexidade global que ocorre cotidianamente.

Espera-se, por exemplo, engajamento da empresa em relação às questões ambientais e desafios globais, assim como comprometimento quanto aos Objetivos de Desenvolvimento Sustentável (ODS) da Organizações das Nações Unidas (ONU). Assim, tanto no nível micro – dos acontecimentos internos, como o combate ao assédio moral, à corrupção e ao racismo, bem como a promoção da igualdade de

---

* Assistente doutora do departamento de administração da PUC-SP.

gênero – quanto no nível dos desafios globais, a empresa é cobrada a dar respostas rápidas e eficazes sobre tais fenômenos, o que resulta num espectro mais amplo do imaginário que se forma em torno dela. Desse modo, se ela desfruta de uma boa reputação social, terá maior probabilidade de desfrutar de uma boa imagem empregadora. Porém, nos casos em que a organização opera em um mercado B2B, ela não dispõe dessa amplitude de imaginário, dependendo cada vez mais das suas ações internas para reverberar externamente, ou seja, não basta que a organização ofereça um bom pacote de benefícios, perspectivas de carreira e uma atraente política salarial. Isso ajuda, mas não é suficiente, pois atualmente são vários fatores que contribuem para a composição de uma marca empregadora.

Gozar de uma boa reputação empregadora não garante que isso dure para sempre. Há que se preocupar com a manutenção e a consolidação da marca, além de ter estratégias de recuperação e reposicionamento, caso ela sofra algum arranhão. Ser uma marca empregadora atraente, ser a empresa dos sonhos para os talentos trabalharem e se desenvolverem, constitui hoje um dos maiores desafios corporativos. A corrida para entrar nos rankings de melhores marcas empregadoras tem fomentado o mercado das auditorias e das consultorias especializadas em monitoramento e avaliação das melhores marcas empregadoras, o que gera custos e exige investimento e planejamento.

Este capítulo pretende discutir essa abrangência, expondo a teia de complexidade e a fragilidade da construção dessa marca empregadora. O capítulo se coloca como um ensaio teórico fundamentado em revisão bibliográfica e análise de documentos de domínio público e de relatórios de pesquisas de consultorias de *employer branding*. Espera-se contribuir para o início de discussão sobre a temática, bem como estimular estudos e debates sobre esse rico tema, absolutamente estratégico e vital para as empresas no século XXI.

6.2 HISTÓRICO DO CONCEITO DE *EMPLOYER BRANDING*

Para Lloyd (2002), *employer branding* é a soma dos esforços feitos por uma empresa de modo a transmitir aos atuais e potenciais funcionários a sensação de que é um lugar desejável para se trabalhar. O conceito surgiu na década de 1990, a partir da preocupação em reter os jovens talentos da geração *millenial*, em consequência da guerra por talentos (MOSLEY, 2007). De acordo com Calisto (2016, p. 3-4),

Uma das primeiras definições de *employer branding* foi proposta por Ambler e Barrow (1996) descrevendo esta prática como sendo o pacote de benefícios funcionais e econômicos da entidade empregadora, onde esta tem como papel principal fornecer um quadro coerente que simplifique a gestão e se centre nas prioridades da gestão, como por exemplo: aumentar a produtividade e melhorar o recrutamento, retenção e compromisso de todos os colaboradores.

O surgimento do *employer branding* está diretamente ligado às transformações de paradigmas que impactaram o RH no início da década de 1990, inicialmente pressionado pelas mudanças e exigências dos jovens *millenials*, cujas características são busca incessante por novos desafios profissionais (que resulta na troca frequente de empresas, em busca das mais atraentes e concorrentes), ambição, sentimento de urgência pelo crescimento na carreira e busca por atributos que agregam valor à carreira. Ambler e Barrow (1996) realizaram um estudo exploratório em empresas no Reino Unido sobre a importância da aplicação de técnicas de gerenciamento da marca na gestão de recursos humanos. Esse estudo ficou caracterizado como um dos pioneiros em *employer branding*, corroborando a importância prática e concreta da adoção de um pacote de benefícios funcionais, econômicos e psicológicos providos pelo emprego e que se identificam com a empresa empregadora. Se antes bastava anunciar as vagas para que rapidamente fossem preenchidas por funcionários que não questionavam as políticas de benefícios, sequer negociavam salários, neste novo cenário da geração *millenial*, surgem inúmeras demandas por atração e convencimento, com as quais as empresas não estavam acostumadas.

Originalmente, *employer branding* tratava-se de um termo do marketing, mas que não recebeu de imediato atenção por parte dos profissionais de RH, que não viam a aplicabilidade do conceito na área. De acordo com Terrin (2015), o *employer branding* envolve a gestão da imagem da empresa pelo olhar dos atuais e potenciais colaboradores, enfatizando, assim, aspectos como a comunicação de valores corporativos e princípios orientadores, que confiram à marca maior substância e reforcem a identidade e a imagem almejada.

Na virada do século XXI, o conceito ganhou relevância dentro do campo epistemológico e prático da gestão de pessoas e, atualmente, tornou-se imperativo em muitas corporações. Assim, pesquisas com diferentes gerações e públicos específicos são realizadas a fim de entender quais são os atributos mais valorizados pelos talentos, bem como quais são as empresas mais atraentes, o que provoca uma verdadeira corrida por talentos e por diferenciais atrativos.

6.3 USOS ATUAIS DO *EMPLOYER BRANDING* NAS EMPRESAS

A Universum, uma das grandes consultorias de *employer branding*, de origem sueca, realiza anualmente uma pesquisa ao redor do mundo com estudantes de diversas instituições e áreas, procurando esquadrinhar as características, o perfil e os atributos da marca empregadora, mas sobretudo o que esses jovens estudantes pensam a respeito das marcas empregadoras: o que buscam, o que querem, o que desejam ver como políticas de pessoas, quais empresas desejam e cobiçam.

O estudo leva em consideração um total de 27.704 estudantes das maiores universidades do mundo, no período de setembro de 2018 e janeiro de 2019. No recorte dos estudantes brasileiros, o estudo da Universum aponta que os atributos mais importantes que o jovem universitário brasileiro considera em uma empresa são:

1. treinamento e desenvolvimento profissional;
2. boa referência para o futuro da minha carreira;
3. existência de líderes que apoiarão o meu desenvolvimento;
4. sucesso no mercado;
5. inovação;
6. oportunidades de alto salário no futuro;
7. valorização do desempenho (meritocracia);
8. estabilidade do emprego;
9. liderança inspiradora; e
10. ambiente de trabalho criativo e dinâmico.

Na análise da série histórica de 2013 a 2019, esses resultados variam ano a ano, dependendo da conjuntura socioeconômica do país e dos fatores de alavancagem de sucesso que o mercado valorizava no momento em que a pesquisa foi realizada. Os resultados atuais apontam para a importância da educação corporativa, na perspectiva do capital intelectual, com o primeiro lugar atribuído ao treinamento e desenvolvimento profissional, aliado aos aspectos da liderança inspiradora. Assim, tem-se a percepção da importância do desenvolvimento de competências. Observe-se que as oportunidades de salário alto no futuro encontram-se em sexto lugar, atrás de atributos como boa referência para o futuro da carreira e inovação, por exemplo.

Em consonância com os resultados da pesquisa da Universum, a GUPY, *startup* de tecnologia e soluções de RH, aponta para o *employee value proposition*, ou proposta de valor ao colaborador, definido por eles como um conjunto de ofertas, valores e associações que diferenciam as empresas no mercado, atraem os colaboradores e os mantêm acima da média. A proposta de valor ao colaborador engloba todas as experiências do funcionário com a organização, e sua qualidade é determinada pela soma total de todos os estágios que compuseram essa experiência, incluindo a marca empregadora, o gerenciamento de talentos e até o desligamento do funcionário.

A jornada do candidato necessita ser cada vez mais humanizada, proporcionando-lhe aprendizados valiosos para a vida. Não se pode mais ter a percepção de que o candidato está à disposição da empresa para participar das diversas etapas do processo, sem que isso lhe oferte a contrapartida do aprendizado e do relacionamento.

Oltramari, Córdova e Tonelli (2019) realizaram estudos com jovens universitários brasileiros, abordando a importância de se pensar, na contemporaneidade, sobre os desdobramentos e peculiaridades do *employer branding*. As autoras trabalham com os conceitos de cocriação e *prosumption*, como a embaralhação da fronteira entre produção e consumo, no que denomina de produção de valor para o capitalismo. Na prática, a marca empregadora gera valor para a marca consumidora e vice-versa. No entanto, o trabalhador está no epicentro dessa cadeia de criação, como um dos responsáveis pela proliferação da marca, em última instância, trazendo lucro duplamente para a empresa.

Segundo as autoras,

> O *prosumer* é aquele que interage com ferramentas como Youtube, Wikipedia, Facebook, Booking, Amazon, etc. Em alguns casos, ele é protagonista na criação e gerenciamento do conteúdo; em outros, ele realiza avaliações sobre hotéis, livros e serviços em geral. Além da criação do produto e de serviço, tem-se também os *self-checkouts* e *self-check-ins* como uma experiência de compartilhamento individual e coletivo da marca (OLTRAMARI; CÓRDOVA; TONELLI, 2019, p. 753)

Com viés crítico, as autoras chamam a atenção para os desdobramentos e as complexidades dessa relação entre o papel de empregado/trabalhador e sua atuação frente aos diversos dispositivos que capturam sua força de trabalho para gerar valor agregado à marca empregadora. As autoras ressaltam a importância da dimensão afetiva nessa relação, mas apontam que nem mesmo isso e todas as sofisticadas estratégias de engajamento das marcas por meio das redes sociais são capazes de garantir a permanência e lealdade do jovem.

6.4 DESAFIOS ATUAIS PARA SE TRABALHAR COM *EMPLOYER BRANDING*

Dentre os principais desafios impostos para o *employer branding* no século XXI, configuram-se:

a) Compreender as transformações sociais que a sociedade atravessa, o que permite antever as demandas que dizem respeito às gerações posteriores, bem como entender quais os desafios que se colocam à juventude trabalhadora em um determinado recorte sócio-histórico.

b) Entender o dinamismo comportamental dos jovens talentos, mapeando suas tendências, suas necessidades de aprendizagem e os desejos que os motivam a se posicionarem no mundo do trabalho.

c) Dominar a tecnologia a serviço da melhoria contínua. As empresas que saírem à frente no domínio da inteligência artificial poderão ofertar melhores soluções para seu corpo funcional, bem como modelar melhor o relacionamento entre o ser humano e a máquina e os desdobramentos advindos dessa relação.

d) Adotar sistemas de gestão de pessoas cada vez mais ágeis e integrados, com vistas a dinamizar melhor a gestão e torná-la cada vez menos centralizada, mais ágil e mais eficaz.

e) Eleger o desenvolvimento humano e o aprendizado contínuo como fatores-chave para a alavancagem do sucesso. As consultorias de pesquisa em *employer branding* são unânimes em apontar o aprendizado e o percurso formativo como um dos principais desejos e objetivos do jovem, enquanto atributo que gera adesão e engajamento à marca empregadora.

f) Mapear e interagir com as *soft skills* que irão impactar as mudanças no futuro próximo. O século XXI está marcadamente influenciado pelas demandas por *soft skills* cada vez mais sofisticadas e complexas, a exemplo da capacidade de resolução de problemas, pensamento analítico e criatividade, difíceis de serem desenvolvidas e treinadas, de modo que a empresa necessita encontrar estratégias eficazes para fazê-lo.

g) Transparência e respeito ao candidato. As corporações estão sendo pressionadas a dar respostas e posicionamentos anticorrupção e antirracismo, com metas claras de igualdade de gênero, de raça, metas sustentáveis, etc. É preciso esclarecer como será o processo de seleção, os critérios adotados, as métricas utilizadas e a duração. Não se toleram mais práticas obscuras de gestão.

h) Dar a devida relevância aos sistemas de *feedback* e às experiências do candidato nessa jornada, que deve ser cada vez mais humanizada. A busca por aprendizados valiosos dentro do processo de seleção tem sido um grande diferencial para as empresas.

6.5 O QUE SIGNIFICA ESTAR ENTRE AS MELHORES MARCAS PARA SE TRABALHAR

Os jovens talentos buscam trabalhar em empresas com boas marcas empregadoras, pois têm por objetivo transferir os atributos da empresa para seus currículos. Por isso, estão sempre de olho nos rankings ou listas de empresas avaliadas por grandes auditorias ou consultorias de avaliação, tais como:

» Great Place To Work, que tem como objetivo premiar as melhores empresas para se trabalhar, tanto em âmbito nacional e regional, quanto setorial (como TI e Saúde, por exemplo) e temático (para mulheres, etc.);

» Índice Top Companies do Linkedin, uma pesquisa anual que analisa bilhões de ações de usuários do LinkedIn, no mundo todo, revelando as empresas que estão atraindo e retendo mais talentos;

» Top Employers Institute, que pesquisa mais de 600 melhores práticas em desenvolvimento de pessoas e RH.

» Glassdoor/Love Mondays, um portal de serviços para a avaliação de empresas.

Todas essas práticas subsidiam ações de *employer branding* em empresas de diferentes portes e segmentos, que passam a fazer *benchmarking* nas empresas vencedoras e mais bem avaliadas nos diversos segmentos, com o intuito de aprimorar suas técnicas, processos e políticas.

Figurar entre as melhores empresas, aquelas com as melhores práticas, significa poder gozar de boa reputação como marca empregadora, o que reverbera interna e externamente, valorizando a marca como um todo e se posicionando como diferencial frente aos concorrentes.

Destaca-se a importância de a empresa se preocupar e adotar os princípios do *employer branding* como principal diferencial competitivo, a fim de construir uma boa marca empregadora, desejável e atraente para os novos talentos. Para tanto, é necessário conhecer as boas práticas adotadas pelas vencedoras nos diferentes rankings, o investimento que elas realizam em tecnologia, seus processos e suas pessoas para alcançar tais resultados. Os principais objetivos que uma empresa deve levar em consideração ao tomar a decisão de investir no *employer branding* dizem respeito ao fortalecimento da marca, tanto como marca empregadora quanto em sua totalidade, com vistas a alcançar o mercado consumidor. Somem-se a isso as vantagens atrativas para o processo de recrutamento e seleção, diminuindo significativamente os investimentos em atração, seleção e redução do *turnover*. Sobretudo, seu principal diferencial diz respeito ao nível de engajamento e produtividade que são gerados a partir daí.

QUESTÕES PARA FIXAÇÃO DO CONTEÚDO

Reflita sobre o conteúdo apresentado no capítulo e responda às seguintes questões:
1. O que é *employer branding*?
2. Na empresa em que você trabalha, o que pode ser feito para se colocar em prática o conceito de marca empregadora?
3. Que desafios as pequenas e médias empresas enfrentam, quando se pensa a questão da marca empregadora?

REFERÊNCIAS

AMBLER, T.; BARROW, S. The Employer Brand. **Journal of Brand Management**, v. 4, n. 3, p. 185-206, 1996.

CALISTO, I. D. **Employer Branding**: a importância de reter colaboradores. Dissertação (Mestrado) – Instituto Politécnico do Porto. Escola Superior de Estudos Industriais e de Gestão, Porto, Portugal, 2016.

GLASSDOOR. Disponível em: www.glassdoor.com.br. Acesso em: 18 jan. 2020.

GREAT PLACE TO WORK. Melhores Empresas para Trabalhar. Disponível em: https://gptw.com.br/ranking/melhores-empresas/. Acesso em: 18 jan. 2020.

GUPY. Disponível em: https://www.gupy.io/. Acesso em: 18 jan. 2020.

KATO, R. Top Companies 2019: onde os brasileiros sonham trabalhar. Disponível em: https://www.linkedin.com/pulse/top-companies-2019-onde-os-brasileiros-sonham-trabalhar-rafael-kato. Acesso em: 18 jan. 2020.

LLOYD, S. Branding from the Inside Out. **Business Review Weekly**, v. 24, n. 10, p. 64-66, 2002.

MEDRADO, M. Confira o que é *Employee Value Proposition* e como criar um para a sua empresa. Disponível em: https://www.gupy.io/blog/employee-value-proposition. Acesso em: 18 jan. 2020.

MOSLEY, R. Customer Experience, Organizational Culture and the Employer Brand. **Journal of Brand Management**, v. 15, n. 2, 2007.

OLTRAMARI, A. P.; CÓRDOVA, R.; TONELLI, M. J. Trabalhador-consumidor: a atração de jovens pelo *employer branding* na escolha profissional. **Caderno EBAPE.BR**, v. 17, Rio de Janeiro, nov. 2019.

TERRIN, S. A. **Employer Branding**: elementos determinantes na intenção de permanecer – estudo exploratório com estagiários. Dissertação (Mestrado) – Fundação Getúlio Vargas, São Paulo, 2015.

TOP EMPLOYERS. Top Employers Brasil 2019. Disponível em: https://www.top-employers.com/pt-BR/lp/announcements-2019/top-employers-brazil-2019/. Acesso em: 18 jan. 2020.

7. A experiência do colaborador na prática

CLAUDINEY TIEPPO*

7.1 A MELHOR EXPERIÊNCIA: PARA O CLIENTE OU PARA O COLABORADOR?

A 4ª Revolução Industrial veio para transformar o modo como os indivíduos vivem, trabalham e se relacionam. Nesse contexto, equipes de trabalho são pressionadas a operar de maneira diferenciada, desenvolvendo competências nunca utilizadas no ambiente organizacional e nas instituições em geral. Há uma crescente demanda das empresas para oferecer a melhor experiência aos clientes nas interações e nos relacionamentos de comercialização de produtos e serviços. O posicionamento e o atendimento diferenciado, desde a abordagem inicial até o pós-venda, visam proporcionar uma experiência única que supere expectativas, estimule a fidelidade à marca e proporcione a perenidade.

O resultado tem tido grande impacto na cultura e, portanto, na estratégia da organização. No entanto, essa perspectiva esbarra na dificuldade que a maioria das empresas que atuam no modelo de gestão tradicional têm para planejar, investir e estabelecer novos mecanismos que alavanquem a transformação digital. Essa dificuldade se dá tanto em relação às novas configurações do modelo de gestão,

---

* É graduado em design de produtos e possui MBA em gestão e desenvolvimento de pessoas pela FGV. Atua como consultor de treinamento e desenvolvimento em projetos de carreira, gestão por competências, educação corporativa e remuneração e seleção, abrangendo os públicos estratégico, tático e operacional em consultoria de soluções gamificadas. Atuou em consultoria de soluções educacionais como gerente de projetos de estruturação e implementação de T&D, universidade corporativa, gestão por competências e desempenho, carreira e sucessão. É professor-tutor da FGV *on-line* e professor de cursos de extensão na PUC-SP.

quanto aos novos processos de relacionamento com os clientes, que visam atingir ou superar a satisfação das suas necessidades.

Apesar disso, muitas empresas ainda cometem um erro grave, ao oferecer um produto ou serviço de qualidade, com uma experiência diferenciada para o consumidor, enquanto se esquecem de oferecer aos colaboradores uma experiência que satisfaça ou supere suas expectativas e necessidades.

Isso é comprovado por um dado alarmante: o índice de *turnover* no Brasil é alto, chegando a 24%, segundo levantamento divulgado em 2017 pelo Departamento Intersindical de Estatística e Estudos Socioeconômicos (DIEESE). Isso indica que a retenção dos talentos é preocupante dentro do cenário corporativo brasileiro. Porém, segundo dados do Great Place to Work, entre as 150 Melhores Empresas para Trabalhar de 2018, o índice cai para 7%. Percebemos, então, que uma das formas de minimizar o *turnover* e aumentar a retenção é tornar a empresa um lugar diferenciado para se trabalhar.

Esse caminho é evolutivo, mas fica claro que as empresas ainda esbarram em falta de coerência quando vendem uma experiência para o consumidor e não para o seu púbico interno. Sites de avaliação, como o Glassdoor, permitem que os colaboradores ou ex-colaboradores demonstrem satisfação ou insatisfação em relação à empresa, mesmo que de forma anônima, num ambiente onde estão menos propensos a receber retaliações.

Como diz Aktouf (2005, p. 81), a organização bem-sucedida é "aquela que, em sua estratégia e em sua gestão, colocará, em ordem prioritária de cuidado e preocupação, primeiramente o empregado, em seguida o cliente e finalmente o acionista". Fica evidente, então, que a empresa deverá direcionar esforços para atender às expectativas dos colaboradores.

As empresas começaram a se questionar quais são os próximos passos para construir uma relação saudável com os seus colaboradores. Quando a agenda de pessoas começará a fazer parte das estratégias de recursos humanos e de executivos? Como inspirar os colaboradores da mesma forma como se faz com os consumidores, possibilitando experiências incríveis e memoráveis, em todos os momentos da jornada dos funcionários na empresa?

As análises de correção entre a satisfação do cliente externo e do cliente interno começaram a ficar cada vez mais estreitas. Em virtude da conectividade, da facilidade de comunicação e da democratização dos meios de divulgação das informações corporativas, as empresas percebem o quanto o colaborador é um embaixador da marca e um cliente do ecossistema global dos seus produtos. O aumento da satisfação dos clientes leva também ao aumento da satisfação dos colaboradores e vice-versa, criando uma espécie de ciclo virtuoso. Há o benefício psicológico de se trabalhar ou de ser atendido num ambiente onde as pessoas estão satisfeitas.

A partir daí, algumas premissas começaram a reger o conceito de gestão de talentos na organização, como o fato de que a experiência do consumidor (*customer experience*, ou CX) está diretamente ligada à experiência do colaborador (*employee experience*, ou EX), pois uma depende da outra para atingir resultados diferenciados.

Segundo Denise Yohn, em artigo para a Forbes, de maneira independente, cada função propicia relacionamentos de grande importância para os clientes e para os colaboradores, mas quando o CX e o EX são administrados juntos, eles criam uma vantagem competitiva singular e sustentável. Jacob Morgan pontua que hoje o dinheiro deixou de ser o principal fator de motivação dos funcionários, dando lugar à experiência, que passa a ser a maior vantagem competitiva que a empresa pode criar. Quando os funcionários entendem o que a marca da organização representa e alinham os sistemas, os processos e as mentalidades para apoiar a entrega de uma experiência diferenciada ao cliente, a empresa também se beneficia por meio de níveis de engajamento, redução do *turnover* e maiores níveis de lucro, com funcionários mais satisfeitos e felizes.

7.2 O QUE É A EXPERIÊNCIA DO COLABORADOR

A experiência do colaborador abrange todas as interações que o colaborador realiza durante sua jornada na empresa, desde a fase de recrutamento até após o desligamento. A EX envolve muito mais do que as funções do RH, incluindo as instalações, a comunicação interna, a tecnologia da informação e até a responsabilidade social. Segundo Morgan (2017), há uma equação para possibilitar a melhor experiência ao colaborador: é necessário que a empresa possua um ambiente cultural onde haja propósitos claros e liderança engajada; um ambiente tecnológico com ferramentas focadas nas necessidades dos colaboradores e do negócio; e um ambiente físico que demonstre os valores da empresa.

Na conclusão de Dery e Sebastian (2017), a experiência do colaborador engloba a complexidade do trabalho e as normas de comportamento que influenciam a capacidade de criar valor, gerar inovação e empoderar as pessoas. A complexidade do trabalho está relacionada ao quão difícil é fazer o trabalho na organização.

Há empresas que investem em tecnologia para reduzir essa complexidade ou que disponibilizam ferramentas práticas para conectar os colaboradores que possuem ideias, visando reduzir o estresse em torno das tarefas de criação de valor.

Na KPMG, mais de cem mil colaboradores foram envolvidos utilizando o *design thinking* para estruturar programas para pessoas, tais como um programa de desenvolvimento e performance. Primeiramente, o *design thinking* foi utilizado para entender a jornada do colaborador e como essa experiência pode ser melhorada. Depois, testam com eles mesmos as melhorias, para verificar como mudaram o trabalho, e então usam os resultados para construir novos programas. Assim, conseguem manter as pessoas engajadas e envolvidas, pois elas participam da construção do programa desde o início, e o resultado é mais assertivo.

7.3 JORNADA DO COLABORADOR

A figura a seguir apresenta a jornada do colaborador com base no conceito de Morgan (2017) e nas minhas experiências e vivências corporativas passadas.

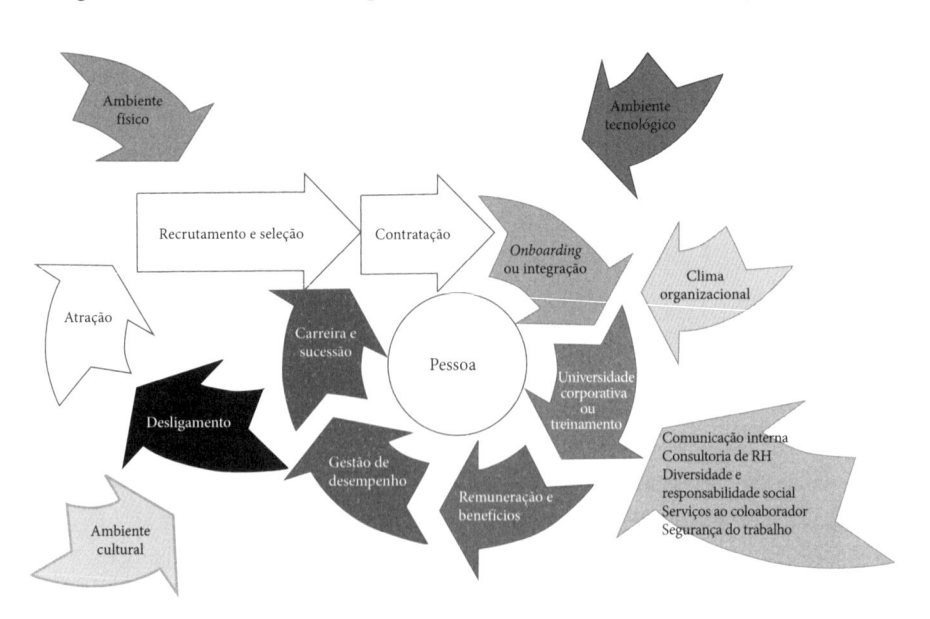

Figura 1. **Jornada do colaborador, com base no conceito de Morgan e vivências práticas.**
Fonte: adaptado de Morgan (2017).

Para reflexão, podemos nos perguntar: Que elementos da cultura organizacional têm sido tratados na empresa? O planejamento estratégico reflete essa cultura ao colaborador? As lideranças estão devidamente engajadas e aculturadas para disseminá-la aos colaboradores das equipes? Que aspectos do ambiente físico refletem a cultura que estamos implementando? Ao refletir sobre esses questionamentos, é possível encontrar respostas alinhadas à característica de cada negócio ou empresa, que podem impactar a prática da experiência do colaborador em cada etapa da sua jornada.

7.3.1 Atração, recrutamento e seleção

O início da jornada de todo colaborador ocorre quando a empresa identifica a necessidade de buscar uma pessoa para suprir uma função interna, seja por falta de talentos internos disponíveis, seja pela aquisição de novas competências derivadas de novos negócios implementados. A experiência da atração de pessoal começa com a divulgação das vagas interna ou externamente, utilizando um sistema de recrutamento e seleção ou, na ausência deste, os recursos disponíveis: WhatsApp, e-mail, intranet, site de recrutamento, etc.

Para o recrutamento interno, é necessário ter o cuidado de manter sigilo durante o processo, para evitar problemas de relacionamento entre o funcionário participante do processo e seu gestor direto. Depois que o colaborador for escolhido e o processo for finalizado, o gestor será informado sobre a movimentação do funcionário para outra área e terá como se preparar para fazer a transição.

Na publicação externa da vaga, é preciso apresentar uma síntese da empresa (ambiente cultural), a descrição do trabalho que será realizado, as qualificações mínimas necessárias e as responsabilidades da função. Nesse momento, também é preciso ter o cuidado de deixar transparente o que é esperado em termo de resultados e as competências necessárias para atingi-los. A partir do contato feito pelo recrutador, o candidato externo inicia o processo de recrutamento e seleção. Para as próximas etapas, é necessário que ele conheça mais profundamente a empresa, podendo buscar informações em redes sociais. O NuBank, por exemplo, até disponibilizou um texto informativo para quem queira trabalhar na empresa. Outra opção é buscar informações com um amigo ou conhecido que trabalhe ou já tenha trabalhado na organização. Nesse momento, é interessante procurar saber sobre todas as experiências, tanto positivas quanto negativas, considerando os aspectos culturais e tecnológicos, assim como o espaço físico. Quando um colaborador ou ex-funcionário recomenda a empresa, percebe-se que sua experiência foi boa.

Como o ambiente tecnológico evolui constantemente, hoje o recrutamento e seleção pode ser apoiado pela utilização de sistemas, como apps, que transformaram e automatizaram o processo de recrutamento e seleção, possibilitando:

» centralizar todas as etapas do processo e as informações dos candidatos ao gestor e recrutador;
» realizar processos de recrutamento e seleção personalizados, conforme a necessidade, incluindo testes *on-line* e presenciais, bem como videoentrevistas;
» aumentar a abrangência de divulgação, compartilhando as vagas em redes sociais;
» utilizar mecanismos de triagem por inteligência artificial para buscar os perfis que melhor se adequam ao perfil da vaga;
» submeter o candidato à análise de um comitê de avaliadores para decidir sobre sua contratação.

A tecnologia torna o processo mais ágil e menos cansativo ao candidato, e o resultado será mais assertivo em virtude da abrangência de avaliadores do comitê.

> Exemplos de sistemas de recrutamento e seleção:
> - Gupy: https://www.gupy.io/
> - Linkedin Vagas: https://business.linkedin.com/pt-br/talent-solutions
> - Reachr: https://www.reachr.com.br/#/clientes
> - Glassdoor: https://www.glassdoor.com.br/index.htm

Também é importante lembrar que todos os processos seletivos devem ser encerrados formalmente, dando um retorno positivo ou negativo ao candidato, para que sua experiência seja completa e a pessoa fique com uma boa percepção da empresa. Isso demonstra a ética, o respeito e a transparência da empresa.

Quando recebe a confirmação da aprovação no processo seletivo, o futuro colaborador tem um momento único e de grande importância para seu futuro. Porém ainda poderá haver a negociação do salário, do bônus, dos benefícios, entre outros, conduzida pelo recrutador. A postura nesse momento é de transparência, de modo a esclarecer todas as dúvidas do futuro colaborador, para que o resultado final seja de ganha-ganha e ambos os lados saiam com a percepção de que foram atendidos, que estão satisfeitos e que terão, como consequência, uma relação duradoura.

7.3.2 Contratação

O período de contratação representa uma etapa na qual o futuro colaborador se depara com uma realidade operacional e burocrática na maioria das empresas brasileiras. É o momento de solicitar uma série de documentos (original e cópia) para que o registro do novo empregado seja realizado. Essa burocracia é necessária, em parte, por causa do e-Social, e também porque a empresa precisa mitigar riscos jurídicos, mantendo arquivados todos os documentos.

Uma forma de tornar esse processo mais rápido e fácil, com uma experiência ao usuário diferenciada, é utilizar uma ferramenta de gestão de documentos na contratação. Essa ferramenta poderá ser utilizada pelo futuro colaborador no seu smartphone para fotografar todos os documentos e encaminhá-los para a empresa. Após análise, é possível manter o arquivo eletrônico no dossiê do futuro colaborador, minimizando os arquivos físicos.

> Exemplos de ferramentas para gestão de documentos:
> - Docly: https://www.docly.com.br/clientes/
> - Lugarh: https://www.lugarh.com.br/

7.3.3 Primeiro dia na empresa

Na data de início, o futuro colaborador irá se apresentar na empresa e será direcionado a área de operações de recursos humanos para assinar o contrato de trabalho, entregar documentos físicos e realizar o exame médico para emissão do Atestado de Saúde Ocupacional (ASO). Esse processo é necessário, pois o vínculo trabalhista se inicia na data em que o ASO e a assinatura do contrato de trabalho são realizados. Após a assinatura do contrato, muitas empresas solicitam que o colaborador aguarde, pois, uma pessoa da sua nova área de trabalho virá buscá-lo.

Uma forma de tornar essa experiência diferenciada é receber o colaborador na portaria ao chegar na empresa, onde já constariam suas informações de liberação. Dali, ele seria direcionado a uma sala de espera, um local agradável e de boa recepção, onde pudesse tomar contato com artefatos da cultura da empresa. Após os trâmites iniciais, é bom proporcionar um café da manhã de boas-vindas, com a presença do gestor direto e outros colaboradores, em que todos se apresentem. Seria uma experiência diferente, que criaria proximidade e vínculos desde o primeiro dia.

7.3.4 *Onboarding* ou integração

O programa de integração ou o *onboarding* objetiva passar ao novo colaborador uma boa primeira impressão sobre a empresa, seu histórico e os artefatos da sua cultura. Busca analisar o *fit* cultural, apresentar os negócios e as normas, além de socializar o novo colaborador com a equipe de sua área. Segundo Katie Bouton, *fit* cultural é a probabilidade de que o colaborador possua as crenças, as atitudes e os comportamentos mais valorizados pela organização ou se adapte a eles.

A integração não serve apenas para aumentar o moral dos novos colaboradores, mas também para aumentar a eficácia do retorno sobre o investimento (ROI) da empresa no que tange à retenção, podendo desempenhar um papel crítico para ajudar os novos colaboradores a decidir se querem ou não aderir à empresa. O papel do líder no processo de integração do novo colaborador é o de apoiar e potencializar a integração. Nesse sentido, ele será o grande responsável por:

» transmitir a cultura e apresentar o negócio e as áreas de interface;
» apresentar a função do colaborador e onde está inserida no organograma;
» definir os papéis e as responsabilidades;
» acordar os resultados esperados;
» apresentar as pessoas da equipe e os *stakeholders* que tenham interface com o colaborador;
» definir previamente o local de trabalho e deixá-lo preparado;
» providenciar recursos tecnológicos e acesso às ferramentas e aos sistemas da empresa;
» tirar dúvidas e questionamentos provenientes do período de entrada na empresa.

Para ajudar neste processo, ele pode elencar uma pessoa da equipe que ficará responsável pelo novo colaborador, para ajudá-lo tanto em relação à estrutura física e tecnológica, quanto a sua integração com as demais pessoas da equipe. O primeiro almoço em equipe fica na memória e pode ser uma ótima experiência para integração.

Um processo de integração bastante comentado é o sistema de alerta *just in time*, adotado pelo Google, conforme explica Maurício Carneiro, em um artigo no blog da Gupy. Sob esse sistema, um e-mail de lembrete é enviado ao gerente 24h antes de um novo funcionário ingressar na equipe. O objetivo é relembrar cinco

pequenas tarefas que o gerente deve realizar, que comprovadamente impactam a produtividade dos novos contratados. Essas cinco tarefas são:
» estabelecer papéis e responsabilidades para ambas as partes;
» dar o apoio necessário ao novo contratado, para que ele não fique sozinho, mas se sinta integrado desde o início;
» apresentar o colaborador aos colegas de equipe e a outros contatos, para quebrar o gelo e para que ele comece a construir sua rede de contatos interna;
» fazer um acompanhamento, de tempos em tempos, para esclarecer dúvidas, suavizar o processo e evitar atritos;
» incentivar o diálogo aberto para obtenção de *feedback* (negativo ou positivo) que melhore seus próprios processos.

Essa abordagem funciona porque os gerentes recebem e-mail apenas quando o senso de urgência é o mais alto e quando eles podem tomar medidas imediatas.

Além disso, em vez de enviar um manual abrangente, as informações são enviadas para os novos colaboradores em um formato envolvente. Esse processo melhorou os resultados da integração de funcionários em 25%.

No guia completo do RH da Soap, o programa de integração ou *onboarding* é considerado eficiente quando tem tudo a ver com empatia e com comunicação. No fundo, não se trata do que a empresa faz, mas de como o faz: ela deve ser capaz de promover engajamento e um vínculo emocional com o novo colaborador logo no início, de maneira que ele se sinta acolhido e importante.

7.3.5 Universidade corporativa ou treinamento

Recentemente, têm surgido novas maneiras criativas de aprendizado e de resolução de problemas, que permitem melhor interação com a tecnologia no contexto das mudanças intensas e profundas que têm ocorrido no ambiente organizacional. Assim, evita-se o descompasso entre a necessidade de resolução dos problemas do negócio e a capacidade de resposta dos indivíduos, bem como o desajuste entre o *timing* da estratégia dos negócios e a preparação das equipes.

Para minimizar esse desajuste, o treinamento ou a educação corporativa devem proporcionar soluções que possibilitem o autodesenvolvimento de *soft skills* e que gerem engajamento e oportunidades de crescimento dentro da organização. Empresas que antes disponibilizavam treinamentos presenciais ou a distância com extensas trilhas de aprendizagem e diversas soluções educacionais perceberam que o público-alvo mudou, e que a procura por conhecimento é fragmentada, conforme a necessidade e a disponibilidade da pessoa, ocorrendo a qualquer hora e em qualquer lugar, principalmente na palma da mão.

Há empresas que utilizam sistemas de treinamento que entregam soluções educacionais por meio de um app móvel com um *chatbot*, uma ferramenta criada a partir da inteligência artificial para realizar treinamentos nas empresas. Diariamente, esse sistema faz uma varredura no *big data* dos resultados de vendas de produtos e serviços de cada colaborador, identifica áreas com baixo desempenho de vendas e envia soluções de *microlearning* para o desenvolvimento dos colaboradores, diretamente na palma da mão.

> Exemplo de plataforma para entrega de conteúdo:
> - Skore: https://www.skore.io/pt

Por outro lado, há empresas que não possuem uma estrutura com plataforma para entrega de conteúdo, ou que não possuem cursos ou treinamentos a ofertar para e equipe. Porém, há vários sites com cursos gratuitos disponíveis na internet.

> Exemplos de sites com cursos disponíveis:
> - Linkedin Learning: https://www.linkedin.com/learning/
> - Udemy: https://www.udemy.com/courses/search/?src=ukw&q=gratis
> - Veduca: https://www.udemy.com/collection/veduca/

Um importante papel do treinamento é o desenvolvimento de lideranças que sejam capazes de transformar a estratégia da companhia em ações práticas que gerem resultados. Segundo o GPTW, o T&D deverá focar sua estratégia de atuação no desenvolvimento de *soft skills* e mudar hábitos dos líderes, tais como os seguintes:

> **Competências a desenvolver**
> - Confiança.
> - Liderança acessível.
> - Olhar para a diversidade.
> - Aprendizado constante.
> - Empatia.

(cont.)

Hábitos para mudar
- Socializar sempre com os mesmos membros do time.
- Valorizar o cumprimento de metas em vez de conversar com as pessoas.
- Ignorar o que está acontecendo na vida pessoal dos outros.
- Sentir que alcançar os objetivos está inteiramente em suas mãos.
- Mostrar suas competências técnicas mais do que as *soft skills*.

7.3.6 Remuneração e benefícios

Remuneração costuma ser um assunto restrito e fechado dentro das empresas, pois são informações sensíveis e confidenciais, tanto que podem causar problemas internos se chegarem ao conhecimento de colaboradores com baixa maturidade. No passado, o salário era considerado um dos melhores atrativos para trazer à empresa os talentos do mercado. Atualmente, as pessoas buscam empresas que valorizem o capital intelectual e ofereçam oportunidades de desenvolvimento e crescimento, em um ambiente de trabalho saudável com líderes engajados.

Há empresas que utilizam portais internos, com ferramentas tecnológicas que possibilitam aos colaboradores e gestores consultar informações e gerir benefícios. É importante que o acesso seja simplificado e que qualquer dúvida seja resolvida. Existe a possibilidade de se utilizarem centros de serviços de recursos humanos, onde o próprio colaborador ou líder tem à disposição uma central de atendimento para resolução de questões sobre remuneração ou benefícios e sobre outros assuntos relacionados a recursos humanos ou gestão de pessoas.

A comunicação interna é um parceiro importante para a divulgação de campanhas que visem esclarecer datas importantes, como o fechamento de folha e as datas de alterações de benefícios, para que os colaboradores possam se programar para realizar suas atividades.

Exemplo de plataforma de remuneração e benefícios:
- GoIntegro: https://www.gointegro.com/pt/nossos-clientes/

7.3.7 Gestão de desempenho

A gestão de desempenho tem por objetivo principal avaliar as *soft skills* e o potencial do colaborador, além de fornecer possibilidades de desenvolvimento. O resultado da avaliação é apresentado pelo líder ao colaborador em uma reunião de *feedback*, destacando os pontos fortes (que precisam ser mantidos e reforçados) e os *gaps*, ou oportunidades de melhoria a serem desenvolvidas. Dessa forma, juntos eles irão acordar ações de desenvolvimento que irão compor o plano de desenvolvimento individual (PDI).

As ações de desenvolvimento mais utilizadas são treinamentos, *workshops*, visitas, estágios, livros, vídeos, coaching, mentoria, dentre outras, que objetivam desenvolver os *gaps* de competências de cada colaborador. A gestão por desempenho, aliada ao treinamento e à remuneração, desenvolvem pessoas para a melhoria dos resultados, visando ao aproveitamento interno de talentos e o crescimento na carreira, além de ajudar no processo de sucessão.

O líder, ao realizar uma avaliação, deverá organizar, planejar e comunicar todas as etapas do processo a cada membro da equipe; cumprir os prazos estabelecidos; agendar reuniões de *feedback*; realizar uma avaliação imparcial, justa e ética, conforme o que é observado no dia a dia de cada colaborador; preparar-se para a reunião de *feedback* com dados e fatos que demonstrem os *gaps* de cada competência; conduzir a reunião de *feedback* com transparência e serenidade; combinar as ações de desenvolvimento com o colaborador; e acompanhar a implementação e os resultados de cada ação.

O colaborador deverá se autoanalisar, verificando em que nível efetivamente está em cada competência, demonstrando inclusive seus *gaps*. Durante a reunião, é preciso agir com maturidade, absorver os *feedbacks* para melhoria do desempenho, combinar e planejar as ações de desenvolvimento e fechar um contrato para a realização dessas tarefas. A avaliação de desempenho é uma oportunidade para o líder:

- » agir de forma ética e transparente;
- » evitar avaliações positivas para todos os colaboradores;
- » evitar o paternalismo na avaliação;
- » evitar críticas pessoais;
- » estruturar e proporcionar o desenvolvimento do colaborador;

» garantir que as ações ocorram no período pós-avaliação (grande problema enfrentado hoje, pois o plano fica esquecido com o tempo); e
» encarar o processo como algo importante e que irá aperfeiçoar a equipe para gerar resultados.

O colaborador ganha quando absorve os *feedbacks* recebidos e os utiliza para a mudança, e não como uma crítica pessoal. Em vez de refutá-los ou projetá-los no outro, o colaborador precisa se comprometer com a implementação das ações de desenvolvimento, pois isso permitirá seu crescimento profissional e pessoal.

O ambiente tecnológico é muito importante nesse processo, pois quanto mais simples e amigável for a plataforma de avaliação, mais fácil será a realização do processo. Tanto para o avaliado, quanto para o líder avaliador e para o gestor da ferramenta de avaliação, alguns pequenos detalhes facilitam o processo e fazem toda a diferença, como o acesso direto, sem necessidade de *log in* e senha, e as etapas de avaliação dispostas em infográfico no sistema.

> Exemplos de plataformas para gestão de desempenho:
> - LG: https://www.lg.com.br/
> - Culture Rocks: https://qulture.rocks/
> - ImpulseUP: https://www.impulseup.com/

7.3.8 Carreira e sucessão

Nesse momento, chegamos a uma etapa em que o líder tem que tomar decisões em relação ao colaborador e sua jornada na empresa. Os caminhos possíveis são uma promoção horizontal ou vertical, a permanência na função atual, o reposicionamento em outra função ou, em último caso, o desligamento.

Há empresas que constituem um comitê durante o processo de avaliação de desempenho, com o objetivo de analisar juntos cada colaborador e definir em consenso seu potencial. Esse comitê permite que a decisão seja compartilhada com outros líderes, que podem ter percepções diferentes sobre o colaborador. Dessa forma, o processo é mais assertivo e meritocrático, e evita-se o paternalismo, pois a decisão é baseada no que a pessoa efetivamente desempenha. A comunicação interna deve divulgar esse processo e suas etapas para todos os colaboradores, pois isso demonstra a preocupação com a transparência e a confiabilidade.

Quando o líder realiza uma promoção, é importante comunicá-la ao colaborador destacando os resultados obtidos e reafirmando que aquela promoção é mérito dele, pelo esforço, pela dedicação e pelo engajamento em prol da empresa. Esse é outro momento importante para o colaborador, pois é o reconhecimento de tudo o que fez e continuará fazendo pela empresa.

Sucessão é um assunto estratégico, tratado pela gestão, pois o objetivo é mapear pessoas com perfil, valores e competências para substituir líderes na empresa. É mapeada uma matriz de riscos de perda do líder em questão, e são indicados colaboradores na linha de sucessão. Algumas empresas elaboram um programa de sucessão, composto por ações como mentoria, cursos e *workshops*, visando à preparação dos colaboradores para o futuro. Assim, a sucessão visa à perenidade do negócio, pois se a empresa perder um líder, pode ter um custo alto de reposição no mercado.

7.3.9 Desligamento

Chegamos ao término da jornada do colaborador na empresa, seja de forma voluntária (pedido de demissão) ou involuntária (demitido pela empresa). Nos casos de demissão involuntária, a condução do desligamento deve ser realizada pelo gestor direto. A conversa de desligamento tem que ser transparente, ética e objetiva. O líder irá comunicar ao colaborador que o contrato de trabalho será rescindido, abordando a justificativa e informando ao ex-colaborador as etapas que deverá realizar para finalizar seu vínculo com a empresa.

Para funções de liderança, há empresas que disponibilizam um programa de *outplacement*, com o objetivo de ajudar o líder a se reposicionar no mercado e buscar uma nova oportunidade. Além disso, existem sites como o Glassdoor, onde o ex-colaborador poderá emitir sua avaliação da empresa, demonstrando ao mercado, de forma aberta, como as situações ocorrem dentro daquele ambiente corporativo.

7.3.10 Clima organizacional

A pesquisa de clima organizacional visa aferir o quanto os colaboradores estão satisfeitos com a empresa, suas áreas e lideranças. Após sua aplicação, inicia-se a análise dos dados, que é uma excelente oportunidade para envolver os colaboradores da empresa como um todo. A empresa pode formar grupos de trabalho com colaboradores de diversas áreas.

O resultado desses grupos é a elaboração e a implementação de ações práticas que descrevem o que precisa ser alterado na empresa ou na liderança. Essas ações impactam os ambientes físico, tecnológico e cultural, possibilitando mudanças que aumentem a satisfação em outras avaliações.

> Exemplos de plataforma para pesquisa de clima organizacional:
> - Great Place to Work: https://gptw.com.br/consultoria/diagnostico-organizacional/
> - Pulses: https://www.pulses.com.br/produtos/clima-engajamento
> - Senior Moods: https://www.seniorcuritiba.com.br/solucoes/gestao-de-pessoas-hcm/moods-pesquisa-continua-de-clima

A soma de todas as experiências na jornada do colaborador interfere diretamente na vida na organização. Essa jornada é composta por questões culturais fortemente influenciadas pela liderança, pela convivência nos ambientes físicos da empresa (que expressam como ela se relaciona com seu colaborador) e por questões tecnológicas que podem facilitar ou complicar a experiência no dia a dia das equipes.

A cultura organizacional é o conjunto de pressupostos básicos que um grupo inventou, descobriu ou desenvolveu enquanto aprendia a lidar com os problemas de adaptação externa e integração interna. Tais pressupostos funcionaram bem o suficiente, de modo que foram considerados válidos e são ensinados a novos membros como a forma correta de se perceber, pensar e sentir em relação a esses problemas (SCHEIN, 1983). A cultura pode ser aprendida no nível dos artefatos visíveis, dos valores que governam os comportamentos e dos pressupostos inconscientes que definem como os membros do grupo percebem, pensam e sentem. Destacamos a influência da cultura sobre a governança corporativa, por meio das situações apresentadas. Se a governança estiver efetivamente vinculada a uma proposta de cultura clara, os colaboradores conseguem enxergar o propósito do dia a dia, o que facilita o relacionamento, a liderança, o engajamento e os resultados.

Para que a experiência do colaborador seja constantemente melhorada e aperfeiçoada, é necessário que a empresa trate dessa cultura e mude os artefatos, tais como: a burocracia nas transações de processos e sistemas; a visão com foco no curto prazo; a redução do custo de processos importantes (como a gestão de pessoas); áreas onde se deveria investir; mudança de competição para coopetição; e quebra de fronteiras existentes entre áreas corporativas, pois o resultado corporativo irá impactar o negócio como um todo, e não apenas uma área.

Richard Barrett (2000) descreve os sete níveis de consciência que as empresas precisam percorrer a fim de alcançar a plenitude como uma organização integrada e que realmente contribua com a sociedade de forma efetiva:

1. sobrevivência;
2. relacionamento;
3. autoestima;
4. transformação;
5. coesão interna;
6. coesão externa; e
7. serviço.

Cada nível apresenta uma necessidade existencial particular, que é comum a todas as estruturas coletivas humanas, e as empresas se desenvolvem ao aprenderem a dominar a satisfação dessas necessidades. Organizações que sabem lidar bem com os sete níveis de necessidades atuam a partir de uma consciência integral. Essas são as empresas mais resilientes e lucrativas, pois possuem habilidades para responder aos desafios do negócio. Em contrapartida, organizações focadas exclusivamente na satisfação das necessidades superiores não possuem as habilidades básicas de negócio para atuar de maneira efetiva. Pouco conhecem de gestão financeira e mercadológica, e carecem dos sistemas e processos necessários para o efetivo desempenho.

A abordagem de Barret e sua ferramenta permitem uma análise minuciosa sobre os aspectos pelos quais a empresa autogere sua cultura e sustenta sua proposta de valor junto ao colaborador. Por meio de ferramentas de *assessment* e aferição do clima organizacional, podemos identificar níveis de correspondência entre o indivíduo e a cultura da empresa, estabelecendo assim a contratação de um indivíduo com valores correspondentes aos da empresa.

Segundo Chanlat (1998), a administração com foco no ser humano – que leva em consideração a ética, os valores, os desejos, as significações e as experiências do colaborador – conduz a transformações significativas na realidade social e tem importantes reflexos nos processos de gerenciamento.

Dessa forma, a empresa alcançará o último nível do despertar de consciência, que é o serviço à humanidade e ao planeta. O foco interno da organização estará em agir com ética, justiça, transparência, harmonia, humildade, comunicação e transparência perante os *stakeholders*. Externamente, o foco estará em entender o impacto das ações presentes no futuro, visando criar um porvir sustentável para a empresa e a sociedade.

QUESTÕES PARA FIXAÇÃO DO CONTEÚDO

Reflita sobre o conteúdo apresentado no capítulo e responda às seguintes questões:
1. De que maneira a experiência do cliente se assemelha à experiência do colaborador? De que maneira elas diferem?
2. Por que é importante que o RH se esforce para promover a melhor jornada possível aos colaboradores?
3. Pensando em cada uma das etapas da jornada do colaborador apresentadas neste capítulo, descreva ações que poderiam ser feitas para tornar cada experiência memorável.

REFERÊNCIAS

AKTOUF, O. Além da globalização. Entrevista concedida a Eduardo Davel e Carlos Milani. **GV Executivo**, v. 4, n. 1, p. 80-84, fev./abr. 2005.

BARRET, R. **Libertando a alma da empresa**. São Paulo: Cultrix, 2000.

BERSIN, J. The Employee Experience Platform Market Has Arrived. Disponível em: https://joshbersin.com/wp-content/uploads/2019/02/EXP_Whitepaper_v4.pdf. Acesso em: 16 jan. 2020.

BOUTON, K. Recruiting for Cultural Fit. Disponível em: https://hbr.org/2015/07/recruiting-for-cultural-fit. Acesso em: 5 fev. 2020.

CARNEIRO, M. Como ter um *onboarding* eficiente: conheça o exemplo do Google. Disponível em: https://www.gupy.io/blog/processo-onboarding-google. Acesso em: 16 jan. 2020.

CHANLAT, J. F. **Ciências sociais e management: reconciliando o econômico e o social**. São Paulo: Editora Atlas, 1998.

DERY, K.; SEBASTIAN, I. M. Building Businnes Value With Employee Experience. **MIT CISR Research Briefing**, v. 17, n. 6, jun. 2017. Disponível em: https://www.avanade.com/~/media/asset/thinking/mit-research.pdf. Acesso em: 16 jan. 2020.

DIEESE. Movimentação no Mercado de Trabalho: rotatividade, intermediação e proteção ao empreso. Disponível em: https://www.dieese.org.br/livro/2017/rotatividade.html. Acesso em: 16 jan. 2020.

GPTW. *Employee Experience*. Disponível em: https://gptw.com.br/consultoria/employee-experience/. Acesso em: 16 jan. 2020.

HESKETT, J. L.; SASSER JR, W. E.; SCHLESINGER, L. A. **The service profit chain**: how leading companies link profit and growth to loyalty, satisfaction and value. Nova York: Free Press, 1997.

HESKETT, J.L. **Managing in the service economy**. Boston: Harvard Business School Press, 1986, p. 30.

KPMG. 2019 KPMG Global Anual Review. Disponível em: https://home.kpmg/xx/en/home/campaigns/2019/12/global-annual-review.html. Acesso em: 16 jan. 2020.

LILEY, M.; FELICIANO, P.; LAURS, A. Employee Experience Reimagined. Disponível em: https://www.accenture.com/us-en/insight-employee-experience-reimagined. Acesso em: 16 jan. 2020.

MINCHINGTON, B.; MORRIS, L. G. In employer branding, EXPERIENCE is everything! Disponível em: https://www.employerbrandinternational.com/single-post/2015/04/22/In-Employer-Branding-EXPERIENCE-is-Everything. Acesso em: 16 jan. 2020.

MORGAN, Jacob. **The Employee Experience Advantage**: How to Win the War for Talent by Giving Employees the Workspaces they Want, the Tools they Need, and a Culture They Can Celebrate. Hoboken: Wiley, 2017.

NuBank. Quer trabalhar no NuBank em 2020, veja 8 dicas. Disponível em: https://blog.nubank.com.br/vagas-nubank-2020/. Acesso em: 16 jan. 2020.

SCHEIN, Edgard. **The role of the founder in the creation of organizational culture**. Cambridge: MIT, 1983.

SOAP. Guia Completo do RH: Integrar. Disponível em: https://materiais.soap.com.br/guiacompletorh_integracao_parte3. Acesso em: 16 jan. 2020.

YOHN, D. L. 2018 Will Be the Year of Employee Experience. Disponível em: https://www.forbes.com/sites/deniselyohn/2018/01/02/2018-will-be-the-year-of-employee-experience/#503652b01c8f. Acesso em: 16 jan. 2020.

8. O uso do *big data* e da inteligência artificial na área de RH

Rovilson de Freitas[*]

8.1 TECNOLOGIA QUE AUXILIA O TRABALHO DO PROFISSIONAL DE RH

Em pleno século XXI, podemos afirmar que a tecnologia influencia cada vez mais a vida das pessoas e das organizações. Seja para o entretenimento pessoal, para acesso ao conhecimento ou para melhorar processos que antes demandavam esforço manual (e que tinham como consequência o desperdício de muito tempo em ações repetitivas e desnecessárias), não há dúvidas de que as diversas ferramentas tecnológicas facilitam o dia a dia de todos.

Em recursos humanos, não seria diferente. Numa área que lida com uma quantidade de dados muito grande e que, ao mesmo tempo, precisa apresentar resultados rápidos para suas tarefas, o uso da tecnologia pode ser um poderoso aliado. Vários processos podem ser automatizados, o que reduz o tempo de realização dessas ações e gera melhores resultados, em menor tempo e com um custo menor.

Salazar (2018) afirma que a área de RH não é tipicamente associada a recursos tecnológicos, como, por exemplo, a inteligência artificial (IA). Porém, também nota que, no processo de recrutamento e seleção, os recursos tecnológicos podem auxiliar na classificação de candidatos em um tempo muito menor do que o realizado por um ser humano.

---

[*] Mestrando em recuperação de informações, descoberta de conhecimento e engenharia de bancos de dados pela Universidade de São Paulo (ICMC/USP). Tecnólogo em informática pela Faculdade de Tecnologia de Jundiaí (FATEC). Professor de informática (programação de computadores) desde 2006 no Centro Estadual de Educação Tecnológica Paula Souza.

É importante salientar que, apesar de todo o avanço dessas ferramentas, de seu barateamento e de sua facilidade de acesso, a tecnologia não pode ser utilizada como único mecanismo para selecionar um funcionário. Outras questões importantes nesse processo dependem de uma avaliação mais intuitiva, o que (pelo menos até o momento) requer a percepção humana. Porém, se os algoritmos e programas puderem automatizar a fase mais objetiva dessa ação, permitindo que o profissional de RH se detenha a sua função mais específica, esse processo tenderia a ser mais assertivo.

Este capítulo, portanto, visa fazer uma reflexão sobre como a tecnologia e suas mais variadas ferramentas podem auxiliar no trabalho do profissional de RH. Por outro lado, apesar dos avanços tecnológicos, o papel do ser humano não deve ser descartado desse processo, o que acaba exigindo que o profissional de RH esteja cada vez mais atento às novas oportunidades que o mercado oferece nesse âmbito. Sem contar que esse mesmo profissional precisa buscar conhecimento para utilizar corretamente essas novas tecnologias.

8.2 INTELIGÊNCIA ARTIFICIAL

Bittencourt *et al* (2004, p. 2), afirma que o homem não possui uma definição satisfatória para compreender o processo de inteligência artificial, defendendo que é necessário dominar os conceitos de inteligência humana e de conhecimento para que se possa compreender os processos da IA e da representação do conhecimento.

Vignaux (1995, p. 252), ciente dessa indefinição, busca entender o fenômeno da seguinte maneira:

> Deve-se, então, fornecer à máquina uma avalanche de dados, teorias formais de bom senso, de crenças, de um universo simbólico superior, ou, pelo contrário, deve-se basear o estudo da cognição no nível inferior da percepção e do controle motor? A tendência geral foi a de conciliar estas duas teorias em uma terceira teoria híbrida, segundo a qual a máquina seria capaz de raciocinar utilizando conceitos complexos e de perceber o seu meio envolvente.

Douglas Ciriaco, do blog TecMundo, define IA de forma mais objetiva, como ramo da ciência da computação que visa elaborar dispositivos para simular a capacidade humana de pensar, perceber e tomar decisões, e que, ao solucionar problemas, cria a capacidade de ser inteligente. Foi impulsionada pelo rápido avanço da informática e da evolução dos computadores.

Bittencourt *et al* (2004, p. 2) ainda defende que:

> A inteligência artificial é, por um lado, uma ciência, que procura estudar e compreender o fenômeno da inteligência, e, por outro, uma área da engenharia, na medida em que procura construir instrumentos para apoiar a inteligência humana.

É impensável, hoje, imaginar nosso dia a dia sem a presença da IA. Mesmo que, talvez, não esteja tão explícita em nossa rotina, ela está presente em várias ações cotidianas. Desde simples buscas na internet, até nossas escolhas e decisões em redes sociais, de alguma maneira a IA está atuando, determinando padrões, indicando caminhos que, muitas vezes, aceitamos sem perceber.

8.3 *BIG DATA*

Silveira *et al* (2015) conceitua o *big data* como uma tecnologia para o processamento de grandes volumes de dados. Segundo a multinacional Oracle, especializada no desenvolvimento de ferramentas e sistemas para banco de dados, *big data* são dados com maior variedade, que chegam em volumes crescentes e com velocidade cada vez maior. Basicamente, são dados em quantidades muito maiores do que a maioria dos processadores de dados pode suportar. Apesar disso, são fontes importantes para a tomada de decisões em vários âmbitos, incluindo o gerencial.

Um exemplo de aplicação recente do *big data* é sua utilização na internet das coisas (que diz respeito à integração da internet com objetos do cotidiano, como eletrodomésticos e outros eletrônicos). Nesse contexto, a utilização desses artefatos conectados pode resultar num grande volume de dados, por meios dos quais se pode compreender quais são os padrões e as preferências de utilização. A partir desses dados, as empresas podem tomar decisões estratégicas, como a criação de novos (ou melhores) produtos e a identificação de possíveis problemas nos equipamentos ou em seu uso, além de oferecer novas possibilidades a seus clientes. Como um dos princípios do *big data* é justamente o volume de dados, quanto mais dados disponíveis, mais confiáveis serão as respostas descobertas.

Ainda segundo a Oracle, são vários os casos em que o *big data* pode ser aplicado, como nos exemplos do quadro a seguir:

Quadro 1. **Aplicações do** *big data*

Desenvolvimento de produtos	Empresas como Netflix e Procter & Gamble (P&G) usam *big data* para antecipar a demanda dos clientes. Eles criam modelos preditivos para novos produtos e serviços, classificando seus principais atributos, passados e atuais, e modelando a relação entre esses atributos e o sucesso comercial das ofertas. Além disso, ao planejar, produzir e lançar novos produtos, a P&G utiliza dados e análises de grupos de foco, mídias sociais, mercados de teste e lançamentos antecipados nas lojas.
Experiência do cliente	A corrida para alcançar os clientes já começou. Uma visão mais clara da experiência do cliente nunca foi tão possível como agora. O *big data* permite que você reúna dados de mídias sociais, visitas da web, registros de chamadas e outras fontes para aprimorar a experiência de interação e maximizar o valor fornecido. Permite também oferecer ofertas personalizadas, reduzir a rotatividade de clientes e lidar com problemas proativamente.
Eficiência operacional	A eficiência operacional nem sempre é notícia, mas é uma área em que o *big data* está tendo o maior impacto. Com o *big data*, você pode analisar e avaliar a produção, os comentários e as devoluções de clientes, assim como outros fatores, para reduzir interrupções e antecipar demandas futuras. O *big data* também pode ser usado para melhorar a tomada de decisões de acordo com a demanda atual do mercado.
Estímulo à inovação	O *big data* pode ajudar a inovar, permitindo estudar interdependências entre seres humanos, instituições, entidades e processos e, em seguida, determinar novas maneiras de usar esses *insights*. As informações de dados podem ser usadas para aprimorar a tomada de decisões financeiras e de planejamento; examinar as tendências e o que os clientes desejam, a fim de oferecer novos produtos e serviços; implementar um sistema de preços dinâmico, etc. Enfim, há infinitas possibilidades.

Fonte: adaptado de Oracle ([ca. 2019]).

8.4 RECURSOS HUMANOS, INTELIGÊNCIA ARTIFICIAL E *BIG DATA*

São muitas as possibilidades de aplicação das ferramentas tecnológicas na área de recursos humanos. É importante salientar que essas ferramentas não representam apenas a possibilidade de armazenamento e gerenciamento desses dados. Segundo Mendonça *et al* (2017), a manipulação dos dados pode incluir a capacidade de deduzir ou inferir novos conhecimentos. Além disso, seria possível estabelecer novas relações sobre fatos e conceitos, ou seja, diante dessa massa de dados armazenada, é possível estabelecer conexões e, possivelmente, descobrir algo que não estava claro ou previsto inicialmente. Isso significa que a participação humana nesse processo é fundamental.

8.4.1 Recrutamento e seleção

Num processo que demanda, em muitos casos, a análise rápida de uma quantidade enorme de perfis, uma ferramenta automatizada pode ser fundamental para o recrutador. A IA pode atuar nessa fase considerada objetiva, selecionando os candidatos mais próximos ao perfil da vaga a ser preenchida. Por isso, é fundamental que as características dessa vaga estejam claras, afinal, esse será o ponto de partida para a melhor escolha dos possíveis candidatos. Uma descrição incorreta ou incompleta pode eliminar da disputa candidatos absolutamente aptos, trazer candidatos que não atendem ao perfil, ou até mesmo resultar em situações de exclusão de determinado padrão. A seguir, alguns exemplos de como a tecnologia tem sido usada nos processos de recrutamento e seleção.

8.4.1.1 Amazon: exclusão de candidatas

Uma das grandes vantagens dos sistemas de inteligência artificial, em relação aos sistemas de buscas simples, é sua capacidade de aprender. Uma IA, a partir de sua programação, identifica automaticamente padrões e relações, que no futuro serão consideradas para novas situações. Foi o que ocorreu com o sistema de recrutamento e seleção da Amazon, empresa transnacional especialista em comércio eletrônico, como descreve Isabel Rubio em um artigo para o *El País*. O sistema de IA para seleção de candidatos da Amazon aprendeu que o perfil ideal de programadores que poderiam ser contratados era apenas de homens. Com o passar do tempo, as mulheres eram simplesmente excluídas do processo. Baseando-se apenas em questões estatísticas, e não de mérito, o algoritmo entendeu que apenas os homens eram aptos para contratação, de forma que mulheres em condições de participar dos processos seletivos, eram simplesmente ignoradas.

Ao ser observado que o algoritmo estava eliminando candidatas, ele foi imediatamente reprogramado. Ainda assim, não havia garantias de que, em algum outro momento, essa exclusão não ocorreria de novo, de forma que o sistema acabou não sendo mais utilizado pela empresa. Portanto, definir as diretrizes para que essa busca seja realizada da forma mais democrática, justa e eficiente, é fundamental nesse processo.

8.4.1.2 Cremer: de mil para 85 mil candidatos

Com o uso da internet como meio de receber os dados dos candidatos, ficou praticamente impossível avaliar cada caso individualmente. Citamos, por exemplo, o caso da empresa de produtos farmacêuticos Cremer, comentado por Camila Pati em artigo para a *Exame*. Seu processo de seleção de trainees, que antes contava com uma média de mil candidatos, passou a ter em sua ferramenta de seleção mais de 85 mil. O candidato passa por uma entrevista *on-line* com uma assistente virtual chamada Vicky. Após essa primeira fase, em que são recolhidos seus dados pessoais, um segundo passo é iniciado: um jogo no qual suas habilidades em solucionar desafios e enigmas é avaliada. Após essa fase, a assistente virtual retorna e realiza nova entrevista com o candidato, dessa vez em inglês.

Ao final dessa etapa, o número de candidatos é reduzido a 300. Nesse momento, o processo passa a ser realizado de maneira tradicional, pessoalmente e com recrutadores humanos. Em média, a empresa contrata dez trainees por ano.

8.4.1.3 Vagas.com: videoentrevista

A empresa Vagas.com, uma das mais importantes em recrutamento e seleção (R&S) *on-line*, investe cada vez mais em novas tecnologias visando facilitar esse processo. A videoentrevista não se resume apenas a usar o recurso de vídeo a distância, mas trata de armazenar o conteúdo dito pelo candidato. Pelos termos utilizados, é possível saber se esse candidato se encaixa no perfil da vaga em questão. O selecionador pode, por exemplo, gerar uma nuvem de palavras que indicam os termos mais citados durante esse processo, além de ser possível avaliar o candidato por suas expressões faciais.

8.4.2 Suporte aos funcionários

Além do R&S, a tecnologia também tem sido aplicada nas relações do RH com os funcionários. A empresa de seguros Tokio Marine reduziu em 60% o número de ligações de seus colaboradores para o setor de recursos humanos, após disponibilizar um sistema de auxílio aos funcionários baseado em inteligência artificial. Chamado de Marina, o sistema iniciou sua operação com apenas dez temas, mas já ampliou sua capacidade para mais de 230 tópicos, que incluem desde dúvidas genéricas sobre previdência ou participação nos lucros, passando por temas mais específicos como salários, valores de contribuição, entre outros. Antes do sistema, eram recebidas mais de duas mil ligações por mês. Essa redução permite que o setor de RH tenha mais tempo para outras atividades, melhorando processos e direcionando esforços para tarefas mais complexas e urgentes.

8.4.3 Treinamento

Outra utilidade da tecnologia é no setor de treinamento e desenvolvimento (T&D), ou educação corporativa (EC). Segundo o blog Cesta Nobre (2019), as ferramentas de IA podem auxiliar no processo de identificação de gargalos e dificuldades nos processos de capacitação dos funcionários. Ao identificar esses pontos, o próprio sistema pode sugerir o treinamento, além de oferecê-lo. São várias as possibilidades de ambientes virtuais de aprendizagem (AVAs), considerando os cursos tradicionais e também diversos ambientes para simulações de situações-problemas como, por exemplo, a realidade virtual. Assim, evita-se o deslocamento do colaborador e gera-se economia para a empresa.

8.4.4 Retenção de talentos

Um dos grandes desafios dos profissionais de RH é a manutenção do quadro de funcionários. Muitas empresas têm alta rotatividade de empregados, o que acaba sendo prejudicial, pois cada contratação implica custos, além de tempo dedicado com integrações, treinamento, entre outros. A equipe do blog Sólides, em um de seus artigos defende que as ferramentas de *big data* podem auxiliar o processo de identificação de padrões que possam indicar que um funcionário está insatisfeito com sua posição na empresa. Quando sua saída for inevitável, é possível identificar as razões, registrando os reais motivos do desligamento de um colaborador.

Ao realizar esse procedimento, cria-se um histórico que permite ao RH rapidamente intervir e solucionar a situação em casos futuros, além de ajudar a empresa a tomar decisões a partir dos padrões percebidos.

IBM: usando a IA para auxiliar o RH

A IBM desenvolveu uma série de soluções baseadas em IA voltadas para a área de recursos humanos:

Watson Recruitment	Determina, por meio do histórico de contratação e de fontes de dados externas, quais são os atributos-chave para cada cargo e quais os melhores candidatos para aquela vaga.
Watson Candidate Assistant	Analisa o histórico educacional do candidato e combina com vagas que atendam seu perfil.
Watson Career Coach	Indica ao funcionário que caminho deve trilhar em sua vida profissional, a partir de seus interesses e habilidades.
Watson Talent Frameworks	Reúne as principais características necessárias para uma determinada vaga.
Adverse Impact Analysis (AIA)	Verifica se as soluções de IA incorporaram algum aprendizado que indique exclusão (como idade, sexo, entre outros).

Essas ferramentas trouxeram uma série de facilidades para os recrutadores e profissionais de RH, além dos próprios empregados, que também podem ser beneficiados. Trouxe transformações dentro da força de trabalho da IBM, possibilitando melhores processos na seleção de novos funcionários, mas também permitindo que esses possam buscar oportunidades dentro da própria empresa, além de permitir uma melhor administração de sua própria carreira, mostrando os melhores caminhos para tal.

No século XXI, já não basta armazenar corretamente os dados de sua empresa. É necessário, por exemplo, extrair desses dados padrões ou informações que possam melhorar a eficiência dos processos. Tarefas repetitivas e manuais, que ocupam demasiado tempo dos colaboradores, também podem ser realizadas de maneira mais objetiva, com mais rapidez e até mesmo mais eficácia.

A tecnologia é o caminho para os dois casos. Utilizar as várias possibilidades disponíveis no mercado (ou até mesmo investir no desenvolvimento de novas ferramentas) é um caminho sem volta para a área de recursos humanos. São muitos os ganhos em substituir processos altamente custosos por soluções mais baratas e efetivas.

Apesar das diversas ferramentas e *softwares* disponíveis estarem cada vez mais próximos da realidade das empresas, é fundamental destacar que o papel humano nesse processo não deve ser descartado. Muitas ações ainda dependem de inferências do profissional de RH. Porém, não há dúvida de que muitos processos podem ser facilitados, a fim de que o colaborador da área de recursos humanos possa se dedicar às tarefas mais importantes, deixando para a tecnologia o trabalho que antes demandava maior dedicação humana.

QUESTÕES PARA FIXAÇÃO DO CONTEÚDO

Reflita sobre o conteúdo apresentado no capítulo e responda às seguintes questões:
1. O que são inteligência artificial e *big data*? De que maneira essas tecnologias podem auxiliar a área de recursos humanos?
2. Considerando os exemplos apresentados no texto, em que tarefas as ferramentas tecnológicas podem auxiliar o profissional de RH?
3. Quais são as vantagens e as desvantagens do uso de ferramentas de inteligência artificial e *big data* no processo de recrutamento e seleção? Comente sobre a possibilidade do uso das ferramentas tecnológicas em todas as etapas do processo.

REFERÊNCIAS

ORACLE. O que é *big data*? [ca. 2019]. Disponível em: https://www.oracle.com/br/big-data/what-is-big-data.html. Acesso em: 28 abr. 2020.

BITTENCOURT, G.; POZZEBON, E.; FRIGO, L. B. Inteligência Artificial na educação universitária: quais as contribuições? **Revista do CCEI**, v. 8, n. 13, 2004.

CIRIACO, D. O que é Inteligência Artificial? Disponível em: https://www.tecmundo.com.br/intel/1039-o-que-e-inteligencia-artificial-.htm. Acesso em: 2 nov. 2019.

SÓLIDES. Como o RH pode utilizar a inteligência artificial. Disponível em: https://blog.solides.com.br/como-o-rh-pode-utilizar-inteligencia-artificial/. Acesso em: 30 out. 2019.

CRIVELLARO. D. Como a inteligência artificial ajuda no recrutamento e na seleção. Disponível em: https://exame.abril.com.br/negocios/como-a-inteligencia-artificial-ajuda-no-recrutamento-e-na-selecao/. Acesso em: 30 out. 2019.

TOKIO MARINE. Inteligência artificial reduz em 60% o número de ligações para o RH da Tokio Marine. Disponível em: https://www.tokiomarine.com.br/noticia/marinanorh/. Acesso em: 5 nov. 2019.

MENDONÇA, A. P. A de; RODRIGUES, B. A. A.; ARAGÃO, C. A. S. de; DEL VECCHIO. R. C. A tecnologia atrelada ao resultado: recursos humanos frente as novas posturas e atribuições. **Revista Razão Contábil e Finanças**, Fortaleza, v. 7, n. 2, jul/dez 2017. Disponível em: http://institutoateneu.com.br/ojs/index.php/RRCF/article/viewFile/181/161. Acesso em: 10 nov. 2019.

PATI, C. Um dos trainees mais disputados do Brasil recruta com robô e IA. Disponível em: https://exame.abril.com.br/carreira/um-dos-trainees-mais-disputados-do-brasil-recruta-com-robo-e-ia/. Acesso em: 10 nov. 2019.

RUBIO, I. Amazon prescinde de una inteligencia artificial de reclutamiento por discriminar a las mujeres. Disponível em: https://elpais.com/tecnologia/2018/10/11/actualidad/1539278884_487716.html. Acesso em: 30 out. 2019.

SALAZAR. O. Tecnologia do futuro? Inteligência Artificial gera vantagem competitiva hoje. Empresas e Negócios, 16 mar. 2018. Disponível em: https://jornalempresasenegocios.com.br/PDFc/3587/pagina_07_ed_3587.pdf. Acesso em: 1 nov. 2019.

SILVEIRA, M.; MARCOLIN, C. B.; FREITAS, H. M. R. Uso Corporativo do *Big Data*: Uma Revisão de Literatura. **Revista de Gestão e Projetos – GeP**, v. 6, n. 3, p. 44-59, mar. 2016. Disponível em: http://www.revistagep.org/ojs/index.php/gep/article/view/369. Acesso em: 27 set. 2019.

VAGAS FOR BUSINESS. Videoentrevista: Um novo jeito de selecionar pessoas. Disponível em: https://forbusiness.vagas.com.br/videoentrevista/. Acesso em: 5 nov. 2019.

VIGNAUX, G. **As ciências cognitivas**: uma introdução. Trad. Maria Manuela Guimarães. Coleção Epistemologia e Sociedade. Lisboa: Instituto Piaget, 1995.

XAVIER. R. Qual o impacto da inteligência artificial no RH? Disponível em: https://blog.cestanobre.com.br/qual-o-impacto-da-inteligencia-artificial-no-rh/. Acesso em: 30 out. 2019.

IBM. IBM ajuda empresas a repensarem a gestão de pessoas com IA. Disponível em: https://www.ibm.com/blogs/ibm-comunica/ibm-ajuda-empresas-a-repensarem-a-gestao-de-pessoas-com-ia/. Acesso em 30 out. 2019.

9. Dashboard de key performance indicator

Ricardo Pantozzi*
Juliana A. de O. Camilo

9.1 ALGUNS CONCEITOS FUNDAMENTAIS

Neste capítulo, apresentamos o conceito de *key performance indicator* (KPI) em nível executivo, gerencial e operacional, bem como sua apresentação em um *dashboard*, ou painel de informações. Também apresentamos fórmulas para a construção do indicador apropriado para cada negócio e demonstramos o uso de outras ferramentas de dados frequentes no mercado.

Um indicador, isoladamente, não deve inspirar práticas organizacionais, mas quando em conjunto com uma série de dados e informações, permite-nos atuar dentro de uma gestão estratégica por resultados (GER). Temos aqui um método de gerenciamento organizacional que deve levar em conta:

a) as peculiaridades da organização;

b) as metas e os objetivos estratégicos em um espaço específico de tempo;

c) as fórmulas e os critérios homologados para medir e acompanhar os resultados;

---

* Possui graduação em sistemas de informação pela Universidade Anhembi Morumbi e pós-graduação em administração estratégica pela Fundação Instituto de Administração da USP. Possui vasta experiência profissional nos segmentos bancário, de telecomunicações e de adquirência, com foco em indicadores, *analitycs*, gestão de equipes, projetos, processos, estruturação de informações e apresentações executivas. Atualmente, é professor convidado da PUC-SP.

d) a análise do proposto *versus* o realizado, considerando o ambiente interno e o externo;

e) a necessidade da construção de planos de melhoria para a consecução ou superação do que foi planejado no início do ciclo.

Compreendemos a assertividade na gestão por resultados quando há correlação entre os diversos indicadores predeterminados, já que uma medição isolada (por exemplo, para um reporte gerencial específico, com dois ou três indicadores) pode não apontar informações consistentes e confiáveis.

Um exemplo comum em gestão de pessoas é quando se avalia o baixo *turnover* (nível de entradas e saídas de funcionários de uma organização) como algo bom, sem considerar os resultados da instituição, a criatividade organizacional, o perfil dos trabalhadores, entre outros. Nesse exemplo, caso houvesse colaboradores prestes a se aposentar, seria necessário contratar e treinar jovens para ocupar gradativamente as funções dos que sairão da organização. Vemos, assim, que analisar superficialmente um número de forma isolada pode nos dar a falsa sensação de um bom resultado. É preciso correlacionar uma série de informações para compreender seu significado.

9.2 COMO INICIAR

Independentemente do mercado ou da área de atuação, é de extrema importância identificar:

a) O que se quer medir e/ou controlar?

b) Que fórmula de cálculo será adotada?

c) Qual será o intervalo de tempo/periodicidade?

d) Há algum *benchmarking* entre empresas que possa ser considerado?

e) Que área será a responsável pelo acompanhamento e geração do relatório com os números?

Por exemplo, a empresa pode desejar medir o volume de funcionários admitidos mês a mês, ou controlar, entre os admitidos, quantos estão participando do processo de *onboarding* (conjunto de procedimentos que objetivam adaptar e capacitar os profissionais que ingressaram recentemente). É necessário saber a fundo qual a finalidade da análise, pois somente assim ela se tornará relevante.

Nesse sentido, um dos itens mais importantes quando se inicia esse processo de construção de indicadores é assegurar a acurácia dos dados, pois uma informação incorreta é, muitas vezes, pior do que sua omissão, já que pode levar a empresa/área a seguir em uma direção errada em seu processo decisório.

9.2.1 Qual o público-alvo?

Pode-se desenvolver indicadores para todos os níveis, desde que se identifique o público que irá utilizá-lo: o nível gerencial, o operacional e/ou o executivo. Mais adiante, detalharemos como apresentar os indicadores para cada um desses níveis.

9.2.2 Qual a diferença entre indicador e KPI?

Indicador refere-se aos elementos brutos que têm como objetivo apontar ou mostrar algo. Por exemplo, o número de faltas ao trabalho no ano de 2020. Esses dados podem ser de ordem quantitativa ou qualitativa, tais como indicadores de atraso, indicadores de entrada, indicadores de processo, entre outros.

Já o *key performance indicator,* ou indicador-chave de desempenho, é uma ferramenta de gestão que visa medir o nível de desempenho de uma empresa ou de um processo. Os KPIs são definidos com base em dois ou mais indicadores, contando com fórmulas específicas para obter os resultados finais. Ou seja, são valores que precisam ser trabalhados para se chegar a uma análise prévia.

Dentre os principais KPIs em recursos humanos temos índices de:
- » rotatividade, ou *turnover*;
- » absenteísmo;
- » retenção de talentos;
- » tempo médio de empresa;
- » custos de rotatividade;
- » produtividade;
- » avaliação de aprendizagem;
- » investimento em treinamento.

De posse dessas informações, cabe ao gestor e à equipe traçarem planos de ação para a consecução de determinadas metas, ou até mesmo valerem-se dos KPIs para saber se estão ou não no caminho certo. Dessa forma, os KPIs são entendidos também como veículos de comunicação, já que permitem que a liderança comunique às equipes o quão eficiente está sendo um determinado processo ao longo de um período.

O passo mais difícil na construção de um KPI talvez seja a definição da meta que se deseja alcançar. Isso porque a liderança precisa saber exatamente aonde se quer chegar e o que é relevante para o processo. Por exemplo, podemos definir que, se a porcentagem de *turnover* for menor que 10%, será apresentada no *dashboard* a cor verde; se estiver entre 10% e 15%, a cor será amarela; e se estiver acima de 15%, a cor será vermelha. O indicativo da cor será o KPI de *turnover*. De uma maneira simplista, os KPIs normalmente envolvem um cálculo.

Vamos analisar o exemplo abaixo, de uma determinada organização de transportes:

» 100 novos funcionários foram contratados no mês de setembro;
» 50 pessoas foram desligadas em agosto;
» 4 ex-funcionários processaram a empresa em 2019.

Essas informações são indicadores, pois apresentam números de referência sobre uma situação pontual. Torna-se difícil tomar decisões estratégicas com base apenas nesses números, por serem brutos. Vejamos, então, a diferença em relação aos seguintes dados:

» a folha de pagamento cresceu 10% no mês de setembro;
» no ano de 2019, houve um aumento de 20% nos processos trabalhistas em comparação com 2018.

Essas informações apresentam uma visão mais ampla e já com uma análise de cenário, sendo, portanto, KPIs.

9.2.3 Diferença na construção de KPIs para os diversos níveis da organização

É importante elaborar relatórios distintos, de acordo com os diferentes níveis hierárquicos: executivo, gerencial ou operacional. Recomenda-se que esses relatórios estejam em um *dashboard*, ou painel de indicadores, que são gráficos de fácil manuseio e entendimento produzidos a partir da análise de informações previamente selecionadas. Atualmente, as ferramentas líderes nesse segmento são o Microsoft Power BI, o Tableau, o Qlink e o ThoughtSpot.

A seguir, apresentamos exemplos de *dashboards* com a análise de informações sobre o *turnover*, por nível hierárquico.

Público executivo: normalmente, esse é o público que precisa acompanhar uma grande quantidade de temas. Por essa razão, utilizamos o maior número de KPIs possível. Na figura 1, temos um exemplo de painel executivo de uma diretoria de RH.

Painel Executivo – Gestão de RH

Turnover	Turnover Emp	Turnover Func	% de entrevista de desligamento	Volume de ações trabalhistas AC	Orçado vs ações trabalhistas
9%	9%	7%	74%	1.232	12%

% contratação dentro do prazo	% contr. dentro prazo nível operacional	% contr. dentro prazo nível tático	% contr. dentro prazo nível gerencial	% contr. dentro prazo nível executivo	Orçamento contratação
99%	110%	102%	91%	84%	123%

Figura 1. **Exemplo de *dashboard* executivo.**
Fonte: elaborado pelos autores.

Público gerencial: acompanha um volume menor de temas em relação ao nível executivo e costuma atuar com dados históricos e projeções. Nesse caso, por exemplo, o *turnover* teria o acompanhamento mensal.

Turnover - Geral

jan-19	fev-19	mar-19	abr-19	mai-19	jun-19	jul-19	ago-19	set-19	out-19	nov-19	dez-19
7%	7%	7%	9%	6%	7%	8%	17%	12%	9%	8%	7%

Turnover - Funcionário

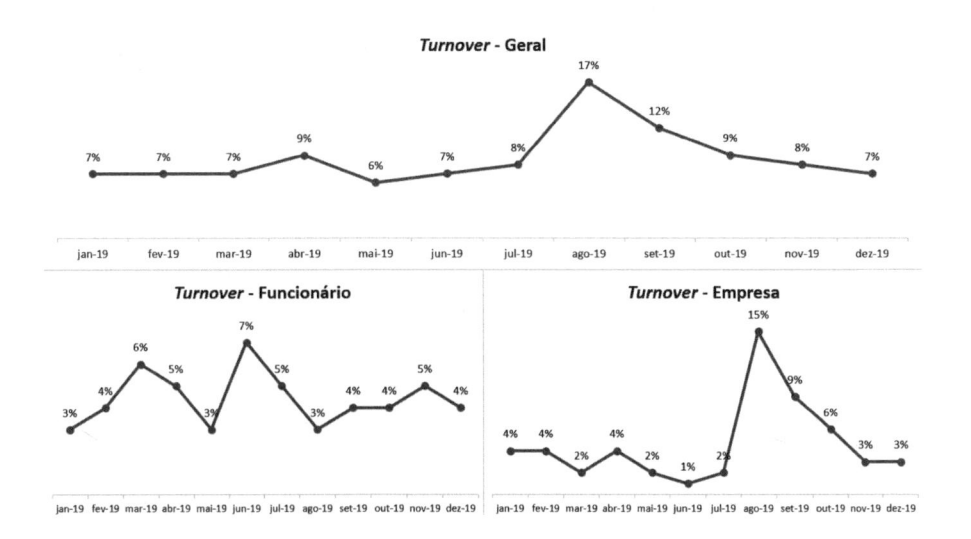

jan-19	fev-19	mar-19	abr-19	mai-19	jun-19	jul-19	ago-19	set-19	out-19	nov-19	dez-19
3%	4%	6%	5%	3%	7%	5%	3%	4%	4%	5%	4%

Turnover - Empresa

jan-19	fev-19	mar-19	abr-19	mai-19	jun-19	jul-19	ago-19	set-19	out-19	nov-19	dez-19
4%	4%	4%	2%	2%	1%	2%	15%	9%	6%	3%	3%

Figura 2. **Exemplo de *dashboard* gerencial.**
Fonte: elaborado pelos autores.

Público operacional: necessita de maiores detalhes, sendo responsável por identificar a causa e por atuar sobre o alto nível de *turnover*. Propõe alternativas para melhorar o resultado apresentado. Nesse caso, pode-se chegar a diversas conclusões sobre as causas da rotatividade, como por exemplo os benefícios, o salário não atrativo, a falta de reconhecimento, a gestão inadequada, dentre outros fatores.

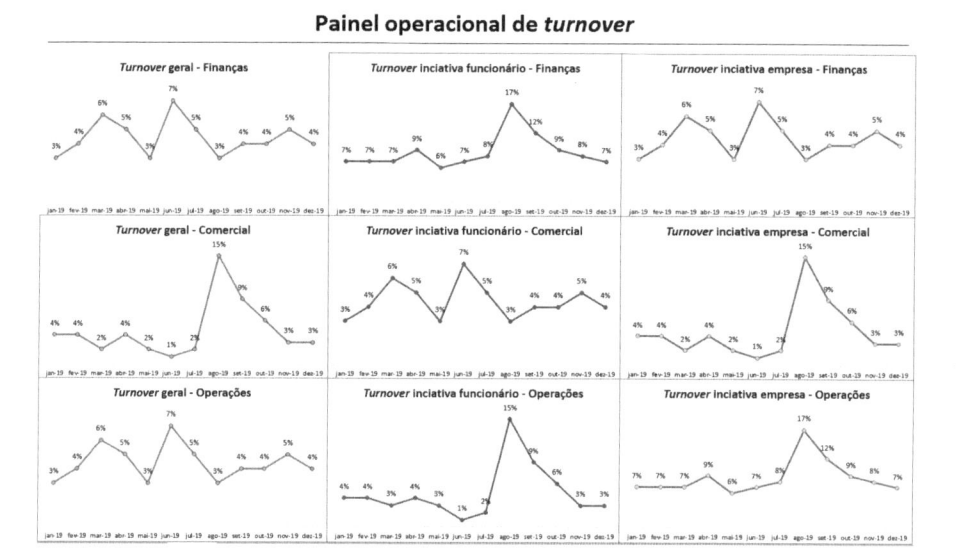

Figura 3. **Exemplo de *dashboard* operacional.**
Fonte: elaborado pelos autores.

O fato de haver essa segmentação na construção/disponibilização dos indicadores não deve impedir que um nível da organização acompanhe os KPIs preparados para os outros níveis. Uma forma de eliminar isso é utilizar a gestão à vista, normalmente com televisores na área, conforme exemplificado na figura 4. Essa é uma maneira de iniciar o aculturamento de dados e eliminar a segmentação da informação.

9. DASHBOARD DE KEY PERFORMANCE INDICATOR

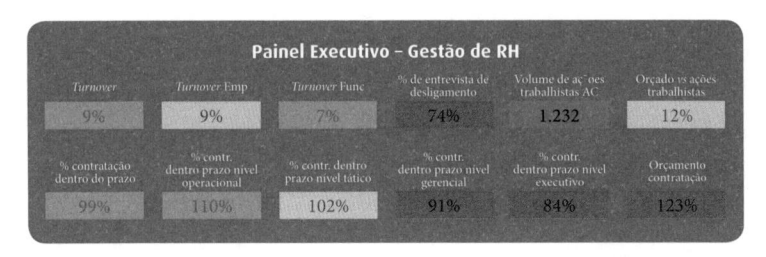

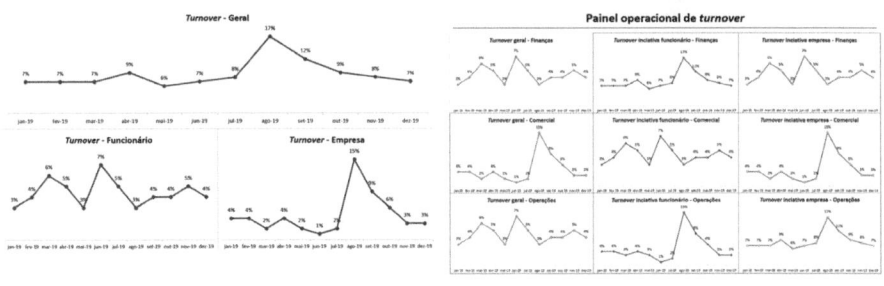

Figura 4. **Exemplo de gestão à vista: painéis executivos, gerenciais e operacionais exibido em telas na organização para todos.**
Fonte: elaborado pelos autores.

9.2.4 Tipos de gráficos e suas utilizações

Normalmente, segue-se uma certa padronização na utilização de gráficos e/ou tabelas para facilitar o entendimento e evitar distorções. O quadro 1 apresenta os tipos de gráficos mais comuns e sua correta utilização.

Quadro 1. **Tipos de gráficos e sua utilização**

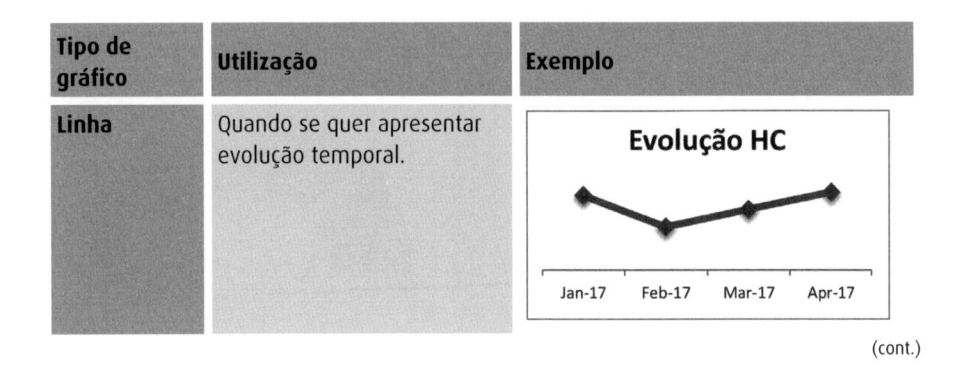

Tipo de gráfico	Utilização	Exemplo
Linha	Quando se quer apresentar evolução temporal.	Evolução HC (Jan-17, Feb-17, Mar-17, Apr-17)

(cont.)

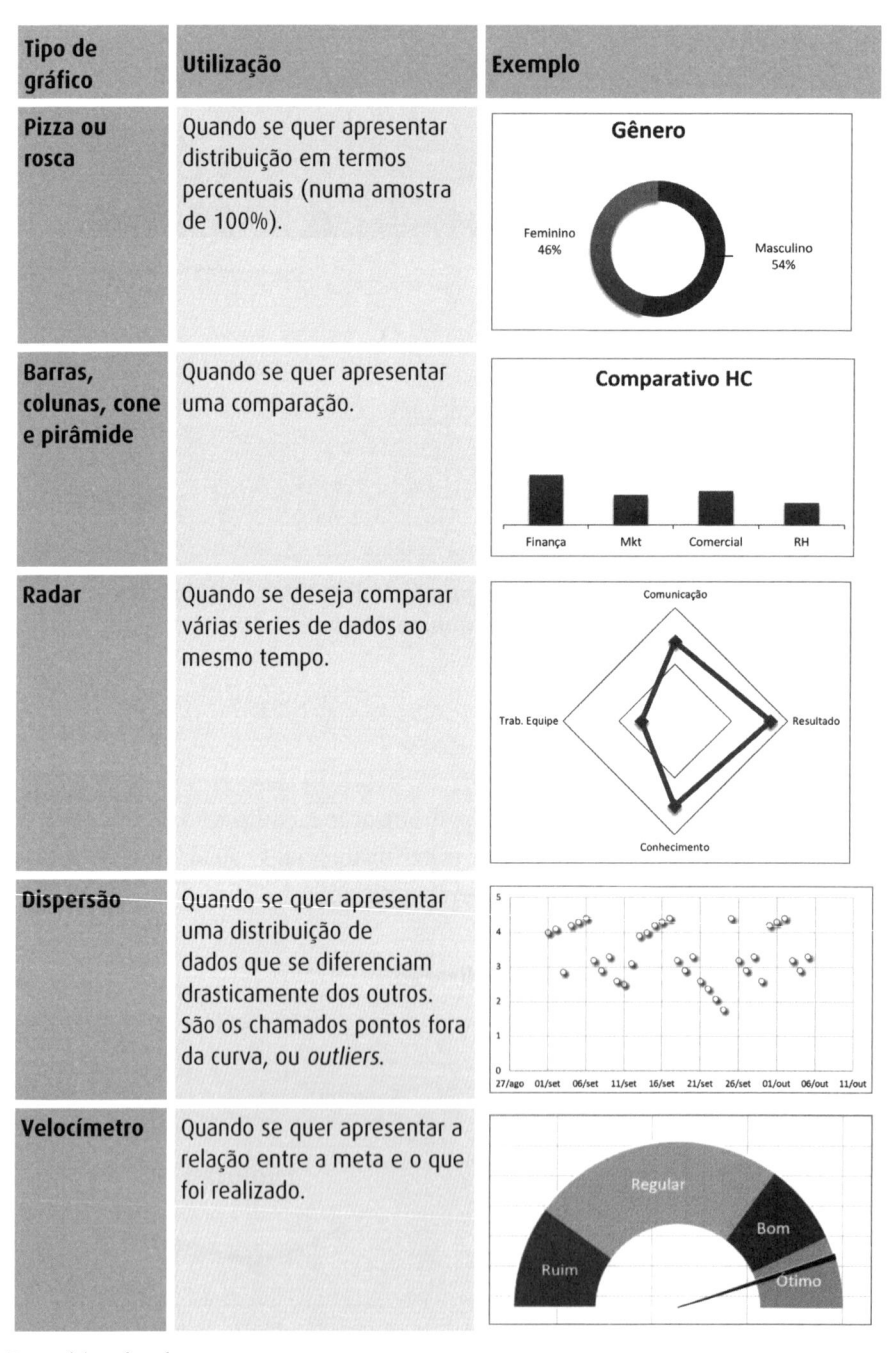

Tipo de gráfico	Utilização	Exemplo
Pizza ou rosca	Quando se quer apresentar distribuição em termos percentuais (numa amostra de 100%).	Gênero — Feminino 46%, Masculino 54%
Barras, colunas, cone e pirâmide	Quando se quer apresentar uma comparação.	Comparativo HC (Finança, Mkt, Comercial, RH)
Radar	Quando se deseja comparar várias series de dados ao mesmo tempo.	Comunicação, Resultado, Conhecimento, Trab. Equipe
Dispersão	Quando se quer apresentar uma distribuição de dados que se diferenciam drasticamente dos outros. São os chamados pontos fora da curva, ou *outliers*.	(gráfico de dispersão de 27/ago a 11/out)
Velocímetro	Quando se quer apresentar a relação entre a meta e o que foi realizado.	Ruim, Regular, Bom, Ótimo

Fonte: elaborado pelos autores.

9.3 QUAL A MELHOR FORMA DE APRESENTAR UM KPI?

Tudo depende da mensagem que se quer transmitir, do público que vai recebê-la, do segmento da empresa e de outros aspectos. Deve-se sempre levar em consideração o guia de marca da empresa, que determina as cores, os tipos de fonte, as imagens permitidas, etc. Além disso, em linhas gerais, pode-se levar em consideração:

» **Cores**: servem sempre para facilitar a visualização de informações. Deve-se ter atenção para não poluir a apresentação dos resultados.
» **Tamanho da fonte**: deve-se utilizar um tamanho de fonte que permita a fácil visualização. Também é importante verificar se houve alguma distorção da fonte, já que no processo de recortar e colar, o texto de uma imagem pode se distorcer, ficar sombreado ou com aparência de itálico.
» **Escala**: uma escala inadequada pode demonstrar desvios que não existem ou ocultar desvios importantes.
» **Quantidade de informação**: deve-se ter cuidado com o volume de informações disponibilizadas nos painéis de indicadores. Recomenda-se sempre focalizar os informes do modo mais objetivo possível (considerando o grau hierárquico do relatório).
» **Critério**: deixe claro os conceitos utilizados para a confecção do KPI.
» **Periodicidade**: deixe claro qual o período de apuração das informações geradas e/ou da base de dados utilizada.

9.3.1 Principais KPIs de recursos humanos

Neste tópico, apresentamos os principais KPIs que devem ser acompanhados pelo RH e seus respectivos objetivos, de acordo com Chiavenato (2008):

» **Turnover**: é a relação entre as admissões e os desligamentos de profissionais, ocorridos de forma voluntária ou involuntária, em um determinado período. É usado para gerar dados de acompanhamento e comparações destinadas a desenvolver diagnóstico, seja para promover providências, seja em caráter preventivo, podendo ter a sua periodicidade definida por mês, período, ano, etc. A fórmula utilizada é a seguinte:

$$\text{Índice de rotatividade geral} = \frac{A + D}{2} \times 100 / EM$$

Sendo,

A = admissões de pessoal dentro do período considerado (entradas);

D = desligamentos de pessoal (tanto por iniciativa da empresa como por iniciativa dos empregados) dentro do período considerado (saídas);

EM = efetivo médio dentro do período considerado. Pode ser obtido pela soma dos efetivos existentes no início e no final do período, dividida por dois.

» **Absenteísmo**: o absenteísmo diz respeito à falta ou ao atraso de um funcionário ao trabalho, ou seja, é a soma dos períodos em que os empregados estão ausentes da organização. A esse número, podem ser somados ou excluídos os casos de ausências legais, sendo fundamental deixar claro na apresentação dos números qual foi o racional de cálculo utilizado. A fórmula é a seguinte:

$$\text{Índice de absenteísmo} = \frac{HP}{HT + HP} \times 100$$

Sendo,

HP = horas perdidas;

HT = horas trabalhadas (total de horas trabalhadas no fechamento da folha de pagamento).

» **Número de trabalhadores ativos** (*headcount*): número total de trabalhadores ativos em um determinado período de tempo. Esse número pode ser mensal, trimestral, semestral ou anual. É importante analisar o crescimento da empresa, em termos de produção e faturamento, para considerar a necessidade de ampliação ou redução do quadro de funcionários e em quais áreas.

» **Porcentagem de horas extras *versus* horas trabalhadas**: trata-se da relação entre a quantidade de horas extras realizadas (independentemente de serem remuneradas ou de entrarem em banco de horas ou folgas) *versus* horas trabalhadas. Esse KPI pode apontar a necessidade de ampliar o quadro funcional. A fórmula é a seguinte:

$$\text{Porcentagem de horas extras } versus \text{ horas trabalhadas} = \frac{HE}{HT} \times 100$$

Sendo,

HE = horas extras durante o período de apuração (mensal, trimestral, anual, etc.);

HT = horas trabalhadas (total de horas trabalhadas no fechamento da folha de pagamento referente ao período de apuração).

» **Custo m**édio de treinamento ***per capita***: é a relação do valor gasto com treinamento dividido pelo número de funcionários na empresa, devendo-se considerar tanto o treinamento externo quanto interno, incluindo todas as despesas operacionais. A fórmula é a seguinte:

$$\text{Custo médio de treinamento } per\ capita = \frac{\text{Valor mensal gasto com treinamento}}{\text{Número de funcionários}}$$

» **Custo de benefícios *per capita***: é a relação entre o custo dos benefícios dividido pelo número de funcionários. É importante considerar os benefícios legais, regulamentados na CLT ou na convenção coletiva de trabalho, assim como os que são fornecidos por liberalidade da empresa. Alguns exemplos são assistência médica e odontológica, vale refeição, vale alimentação, ônibus fretado, clube subsidiado pela empresa, etc.

$$\text{Custo de benefícios } per\ capita = \frac{\text{Gasto mensal com benefícios}}{\text{Número de funcionários do mês}}$$

» **Clima organizacional e/ou engajamento no trabalho**: indicador anual que ajuda a organização a identificar seus pontos fortes e pontos a desenvolver. Visa ao desenvolvimento de planos de ações *a posteriori*, para a construção de um ambiente de trabalho mais saudável e para a melhora da retenção de talentos e do engajamento no trabalho. A metodologia de coleta, análise e divulgação dessas informações pode variar consideravelmente, tendo em vista a abordagem ou a consultoria contratada.

» **Ações trabalhistas**: é a relação entre o número de reclamações trabalhistas acumuladas nos últimos 12 meses dividido pelo número acumulado de funcionários desligados nos últimos 12 meses. A fórmula é a seguinte:

$$\text{Índice de ações trabalhistas} = \frac{\text{Número de reclamações trabalhistas} \times 100}{\text{Número de funcionários desligados}}$$

» **Diversidade**: a gestão da diversidade tem sido problematizada por diferentes organizações governamentais, não governamentais e privadas (CAMILO; FORTIN; AGUERRE, 2019). Trata-se de uma pauta que está em voga e que requer acompanhamento e atuação por parte da área de gestão de pessoas. É importante analisar o número de mulheres *versus* o número de homens em cargos de liderança; o número de pessoas negras *versus* o número de pessoas brancas em postos de comando; o número de pessoas com deficiência, a faixa etária dos trabalhadores, entre outros.

Uma das coisas mais interessantes é conseguir correlacionar indicadores, o que gera visões diferentes na maioria das empresas e insumos para outras perguntas e ações. Outros KPIs que podem ser implementados pela área de recursos humanos são o faturamento por funcionário, as despesas *versus* o faturamento, o lucro por funcionário, a porcentagem de licenciados *versus* a base ativa de funcionários, a distribuição dos funcionários por tempo na empresa, a porcentagem de movimentação salarial, os indicadores de avaliação de performance, a porcentagem de efetivação de estagiários, entre outros.

QUESTÕES PARA FIXAÇÃO DO CONTEÚDO

Reflita sobre o conteúdo apresentado no capítulo e responda às seguintes questões:
1. Qual é a diferença entre KPI e indicador?
2. O que é um *dashboard*?
3. Quais são os cuidados que se deve ter para a apresentação de um KPI?
4. Que KPIs seriam mais relevantes para sua empresa?

REFERÊNCIAS

CAMILO, J. A. O.; FORTIN, I.; AGUERRE, P. **Gestão de pessoas**: práticas de gestão da diversidade nas organizações. São Paulo: Editora Senac São Paulo, 2019.

CHIAVENATO, I. **Gestão de pessoas**. São Paulo: Elsevier, 2008.

INSTITUTO ETHOS. Perfil social, racial e de gênero das 500 maiores empresas do brasil e suas ações afirmativas. Disponível em: https://www.ethos.org.br/cedoc/perfil-social-racial-e-de-genero-das-500-maiores-empresas-do-brasil-e-suas-acoes-afirmativas/. Acesso em: 17 fev. 2020.

10. Sobre a qualidade de vida no trabalho na 4ª Revolução Industrial

Juliana A. de O. Camilo

Rafael Cordeiro Camilo*

10.1 QUALIDADE DE VIDA

O processo de globalização econômica atualmente em curso tem definido intensas transformações nas relações de trabalho. As inúmeras e contínuas inovações tecnológicas, aliadas ao enfraquecimento de diferentes atividades econômicas, assim como as mudanças na organização do trabalho e seu modo de atuar, têm contribuído para diferentes tensões laborais. Teme-se o desemprego, o subemprego e as inúmeras tentativas de uberização do trabalho (POCHMANN, 2016). Daí se origina a inquietação que será trabalhada neste texto: Como é possível pensar a qualidade de vida no trabalho (QVT) neste novo cenário?

Em termos históricos, o conceito de qualidade de vida no trabalho tem como origem dois movimentos: a saúde do trabalhador e a gestão da qualidade e da produtividade. As dimensões trabalhadas são relativas às necessidades humanas, biológicas, psicológicas, sociais e organizacionais (LIMONGI-FRANÇA, 2003).

Para Lacaz (2000), o termo qualidade de vida no trabalho incorpora uma imprecisão conceitual que dá margem a diversas práticas que ora se aproximam da qualidade de processo e de produto, ora com ela se confundem. Temos aqui uma

---

* Graduado em fisioterapia pela PUC-SP e pós-graduado em acupuntura pela Associação Brasileira de Acupuntura (ABA). Tem mais de 20 anos de experiência como professor de caratê. Atuou na gestão de equipes em diferentes contextos laborais. Em âmbito acadêmico, atua como professor convidado na PUC-COGEAE, sobretudo na gestão da equipe de professores.

noção impregnada de propostas de práticas empresariais que nem sempre atuam na causa dos problemas, mas servem para uma espécie de docilização da exploração e precarização do trabalho.

A origem da QVT remete a diferentes momentos e locais na história. Em uma primeira vertente, temos a chamada escola das relações humanas, inspirada por Elton Mayo e sua experiência em Hawthorne. Nesse polo, temos o conjunto de teorias que ganharam força com a Grande Depressão, por ocasião da quebra da bolsa de valores de Nova York, em 1929. Essa grande crise trouxe inquietações que fizeram com que estudiosos e organizações começassem a contestar e a buscar as causas da crise, trazendo uma análise mais complexa acerca dos trabalhadores e de suas necessidades (MOTTA; VASCONCELOS, 2002).

Em outro polo, na experiência europeia, temos a preocupação e a análise decorrentes das consequências da implantação do Plano Marshall para a reconstrução da Europa (VIEIRA, 1993). Esse plano, conhecido como Programa de Recuperação Europeia, foi o principal plano dos Estados Unidos para a reconstrução dos países aliados da Europa, nos anos que procederam à Segunda Guerra Mundial (HOGAN, 1987). O Plano Marshall possibilitou que a Europa experimentasse um período importante de crescimento econômico, superando os níveis dos anos pré-guerra (CAREW, 1987).

Na década de 1960, em termos de atuação prática, a QVT voltou-se aos aspectos da reação individual do trabalhador às experiências de trabalho, e o termo qualidade de vida ganhou força. Ainda na década de 1960, estudiosos e empresários perceberam que a qualidade de vida influenciava diretamente a produtividade e o rendimento dos trabalhadores, partindo da lógica de que um funcionário motivado e feliz produz mais e melhor, gerando melhores resultados para as empresas. Não demorou muito para que a qualidade de vida deixasse de ser apenas um termo e ganhasse contornos reais, colocando em prática técnicas de promoção da saúde e do bem-estar nas empresas. Seguindo essa lógica, na década de 1970, a tônica foi a busca por melhores condições dos ambientes laborais, e na década de 1980, buscou-se o enfrentamento das questões ligadas à produtividade e sua vinculação à qualidade total. Já entre a década de 1990, os anos 2000 e a década de 2010, sobretudo na experiência brasileira e europeia, a análise e as preocupações versaram sobre as exigências excessivas do trabalho, que levavam a um desgaste precoce físico e psíquico do trabalhador.

A partir dos anos de 2010, tivemos uma importante mudança de paradigma no mundo empresarial, sobretudo em função da intensidade com que chegou efetivamente às organizações a 4ª Revolução Industrial, que se baseia na revolução digital, sendo caracterizada por uma internet mais ubíqua e móvel, sensores poderosos, menores e mais baratos e pela inteligência artificial (IA) que é refletida no aprendizado das máquinas (SCHWAB, 2016).

Como veremos adiante, ainda que no cenário atual tenhamos concepções e atuações variadas em QVT, em linhas gerais, observamos que a temática, sobretudo na experiência brasileira, se debruça sobre as noções de motivação, satisfação, saúde e segurança no trabalho, envolvendo ainda análises sobre novas formas de organização do trabalho e tecnologias.

10.1.1 Qualidade de vida no trabalho

A constante preocupação com a qualidade de vida, em geral, acaba por resultar em diferentes correntes e abordagens que se debruçam sobre os modos como as organizações poderiam atentar à melhoria da qualidade de vida no trabalho.

Satisfação no trabalho, felicidade, saúde, solidariedade e amizade: tais temas parecem ser preteridos na contemporaneidade, se comparados com os assuntos opostos: desastres, angústias, patologias e guerras. Estes últimos, a olhos vistos, recebem um amplo espaço midiático, gerando ainda mais angústia, sofrimento e doenças. É nesse sentido que se alicerçam os estudos da psicologia positiva, que tem ganhado espaço nos últimos anos, se debruçando, dentre outros tópicos, sobre a questão da qualidade de vida e da felicidade. O esforço de sistematizar essas possibilidades de atuação, que não se debrucem sobre a equação saúde-doença, começou a se articular a partir dos anos 1980 pela proposição de Carol Ryff (1989), sendo fortalecido pelas ideias de Csiksentmihalyi (1999) e Seligman (2000, 2002). Os autores entendem que uma ciência preocupada com a experiência subjetiva positiva, com traços individuais e com instituições positivas, possa contribuir mais para melhorar a qualidade de vida das pessoas.

É bem verdade que esse tema já era, de algum modo, proposição de autores clássicos, tais como William James (1906), que escrevia sobre a determinação da mente em ser saudável, ou Gordon Allport (1958) e seu interesse pelas características positivas do repertório humano. Podemos também destacar as preocupações de Maslow (1943), ao focar seus estudos na teoria das motivações.

Ainda que haja controvérsias intensas nesse campo e no entendimento do que vem a ser qualidade de vida, encontramos certa estabilidade conceitual na definição apontada pela Organização Mundial da Saúde e, no Brasil, difundida pelo Ministério da Saúde, de que a

> qualidade de vida é 'a percepção do indivíduo de sua inserção na vida, no contexto da cultura e sistemas de valores nos quais ele vive e em relação aos seus objetivos, expectativas, padrões e preocupações'. Envolve o bem-estar espiritual, físico, mental, psicológico e emocional, além de relacionamentos sociais, como família e amigos e, também, saúde, educação, habitação saneamento básico e outras circunstâncias da vida.

Em consonância com a OMS, é possível então notar cinco dimensões para compreender a QV:

1. saúde física;
2. saúde psicológica;
3. nível de independência em aspectos como mobilidade, dependência de medicamentos e cuidados médicos, capacidade laboral;
4. relação social; e
5. meio ambiente.

Já nas organizações, essas dimensões ganham contornos variados e, em linhas gerais, atua-se nas dimensões relativas às necessidades humanas, biológicas, psicológicas, sociais e organizacionais (LIMONGI-FRANÇA, 2003). Para a autora, o conceito de qualidade de vida no trabalho é o conjunto de ações realizadas por uma organização para promover melhorias e inovações gerenciais e tecnológicas, dentro e fora do ambiente organizacional, com o objetivo de proporcionar condições de desenvolvimento humano durante a realização do trabalho. No Brasil, origina-se em dois movimentos: a saúde do trabalhador e a gestão da qualidade e da produtividade.

Em Chiavenato (2004), temos o entendimento de que a QVT assimila duas posições principais: a primeira atua sobre a reivindicação dos empregados quanto ao bem-estar e satisfação no trabalho; e, a segunda, sobre o interesse das organizações quanto aos efeitos que podem potencializar a produtividade e a qualidade.

Ainda que não haja consenso sobre o que é qualidade de vida e os modos de produzi-la, podemos destacar a multidimensionalidade do constructo: trabalha questões de ordem física e psicológica, de nível de independência, relações sociais, meio-ambiente e espiritualidade/religião/crenças pessoais, para promover a produtividade, a qualidade e a redução geral de custos com o pessoal (como o *turnover* e o absenteísmo).

10.1.2 A 4ª Revolução Industrial e a qualidade de vida relativa

Aqui, é imprescindível dizer que o projeto de emancipação dos sujeitos – com maior liberdade, redução da jornada de trabalho e atividades menos mecânicas –, de certa forma previsto na 3ª Revolução Industrial, não se cumpriu. Isso porque o advento das tecnologias, naquele momento, permitiu ainda mais a exploração do trabalho, o aumento da produção, a concentração do capital, a desigualdade social e a exploração da natureza (CASTELLS, 1999). Esse cenário contribuiu para mudanças profundas nas relações de trabalho, para as tensões das representações sindicais e para modificações nos direitos trabalhistas.

A partir daí, caminhamos para a 4ª Revolução Industrial, em que há uma clara nova ordem social e econômica, com a instalação de tecnologias mais integradas e sofisticadas, com os humanos cada vez mais servindo as máquinas e não o contrário (BRYNJOLFSSON; MCAFEE, 2014). Esse avanço exponencial tecnológico gradativamente está se tornando mais impactante e perceptível em diferentes organizações, em diferentes lugares e em diferentes profissões, por meio de nanotecnologia, neurotecnologia, robotização, inteligência artificial, biotecnologia, sistemas de armazenamento de energia, *drones* e impressões em 3D.

Essas reflexões inspiraram os líderes do Fórum Econômico Mundial na análise e projeção de tendências sobre a quantidade de postos de trabalho, assim como sobre as profissões que serão criadas e descontinuadas. Para Schwab (2016), a evidência era que a criação de novos postos de trabalho não estava acompanhando a extinção, ou a redução, de postos tradicionais, tais como de advogados, analistas financeiros, jornalistas, algumas categorias médicas, contadores, etc.

Frey e Osborne (2013) analisaram os impactos da inovação tecnológica no emprego, alertando para o fato de que as categorias que envolvem trabalho mecânico e repetitivo irão diminuir substancialmente nos próximos anos, dando espaço para aquelas que envolvem trabalhos criativos, cognitivos, resolução de problemas complexos e inovação, e para aquelas que possuem desenvolvidas competências sociais. É fundamental considerar ainda que essa nova organização do trabalho impactará diversas funções, sejam elas operacionais ou não.

Contudo, se por um lado o avanço da tecnologia favorece o desenvolvimento humano – na medida em que incentiva competências novas, ampliando cenários e possibilidades em um mundo sem fronteiras, com novas formas de atrair, reter e recompensar pessoas –, por outro, a revolução do trabalho flexível (SCHWAB, 2016) aponta cenários alarmantes para milhões de outros trabalhadores: o temor do desemprego e da falta de regulação da jornada laboral e das condições de trabalho.

Como, então, pensar a qualidade de vida no trabalho nesse mundo de novas plataformas de nuvem humana, que posicionam os trabalhadores como autônomos ou uberizados (POCHMANN, 2016)? Na uberização, os trabalhadores são considerados seus próprios empregadores, o que os coloca em competição constante e esvazia a luta por melhores condições de trabalho via sindicatos e/ou órgãos de classe, anulando, consequentemente, benefícios e seguridade social. Nesse sentido, as ações em qualidade de vida no trabalho se tornam individualizantes e solitárias, pois versam sobre a quase exclusiva responsabilidade do trabalhador perante seu trabalho e sua saúde.

Ao pensarmos, por exemplo, no trabalho daqueles que atuam como motoristas de aplicativo e/ou entregas, fica óbvio que suas condições de saúde, suas pausas e demais elementos que constituem a felicidade no trabalho, tal como postula a psicologia positiva, ficam a cargo exclusivo do trabalhador. É ele quem, sozinho, deve se organizar para ter seus horários flexíveis, seu horário de almoço, suas pausas para descanso e suas idas ao banheiro. Temos aqui o que Maslow chamaria de necessidades fisiológicas (comida, água, excreção, entre outros), que são o primeiro e mais básico eixo de necessidades humanas, para que seja possível se pensar em motivação. Porém, como pensar nessas possibilidades quando se depende de uma clientela-demanda absolutamente móvel para compor sua renda? A falta de garantias mínimas de proteção social (direito ao afastamento por adoecimento, a férias, à segurança laboral, entre outros) gera uma extrema sobrecarga física e psíquica (ANTUNES, 1995).

Contudo, além dos trabalhadores uberizados, temos também todas as demais categorias profissionais que se veem em meio a uma mudança substancial em seus postos laborais. A garantia de renda mínima, o direito ao trabalho e o emprego estão em xeque. Em tempos de crise, desmontes e instabilidades, é comum ouvirmos que qualidade de vida no trabalho é a possibilidade de se ter renda, e que todos os elementos de preservação da vida humana ficam para depois. Retomando Maslow, talvez seja possível dizer que estamos voltando para a base da pirâmide, em que a luta e a motivação lidam predominantemente com o atendimento das necessidades básicas e fisiológicas.

Falamos até aqui sobre a qualidade de vida relativa, aquela em que, dado o contexto vivenciado por determinadas categorias profissionais, é possível usufruir de condições laborais minimamente dignas. Agora, vale a pena apresentar e vincular às questões relativas à QVT o conceito de trabalho decente, formalizado pela Organização Internacional do Trabalho (OIT), em 1999. Seu objetivo é promover oportunidades para que mulheres e homens tenham um trabalho produtivo e de qualidade, em condições de liberdade, equidade, segurança e dignidade. Esse conceito é considerado fundamental para a superação da pobreza, a redução das desigualdades sociais, a garantia da governabilidade democrática e o desenvolvimento sustentável. No objetivo exposto pela OIT, o item 8.5 almeja alcançar até 2030 o emprego pleno e produtivo para todos, assim como a remuneração igual para o trabalho de igual valor. Já o item 8.8 visa proteger os direitos trabalhistas e promover ambientes de trabalho seguros e protegidos. Parece-nos um ponto de partida fundamental para que se possa avançar na discussão e na atuação em QVT.

É evidente que, como profissionais da saúde, comprometidos primeiramente com os seres humanos que trabalham (e não com a acumulação do capital dos que investem), buscamos e lutamos por melhores condições, que extrapolem (e muito) as necessidades fisiológicas. Certamente, essas conquistas não serão feitas apenas com base na conscientização dos investidores, mas também com base na conscientização dos próprios trabalhadores e da sociedade em geral, perante aquilo que deveria ser prioridade para todos: a saúde.

10.1.3 A importância de ouvir os trabalhadores

Como é possível pensar em qualidade de vida no trabalho, tendo em vista todo o cenário de alteração laboral? Será possível pensar em desenvolvimento humano pelo trabalho, tendo em vista as enormes precarizações? E como será a convivência com o fantasma cada vez mais presente do desemprego? Isso sem falar do temor constante de tantas tarefas que estão, gradativamente, perdendo espaço ou sendo deslocadas, parcial ou totalmente, para as novas tecnologias.

Tal como a postulação feita pela psicodinâmica do trabalho, retomamos aqui a necessidade de se atuar (e lutar) pelo trabalho vivo, aquele que engaja a inteligência, o corpo, a subjetividade e a afetividade (DEJOURS, 2012). Somente a partir desse processo sobre o próprio trabalho é que o indivíduo se torna capaz de se reapropriar da realidade de seu trabalho; e é essa reapropriação que pode permitir aos trabalhadores a mobilização que vai impulsionar as mudanças necessárias para tornar esse trabalho mais saudável (CAMILO, 2019).

Se alguns têm empregos, ou atividades profissionais, por meio do qual podem colher certa renda para lhes garantir o custeio da vida e, por vezes, até certa acumulação de capital, essa não é a tônica para grande parte da população mundial. Por esse motivo, colocamos aqui o desafio de se pensar a QVT além daqueles que estão empregados ou que possuem atividades laborais reconhecidas socialmente. É fundamental pensar que temos uma série de trabalhos não regulados que compõem o nosso cotidiano (SATO, 2013) e isso precisa de urgente debate.

Porém, mesmo que nosso ponto de partida sejam as atividades reguladas por meio do emprego ou fonte de renda, quando submetidas à prova do trabalho vivo, ainda assim, não vemos ações efetivas que apontem para a construção do prazer com o trabalho, da sublimação e, consequentemente para a saúde (DEJOURS, 2012). Afirmamos aqui, com a maior clareza possível, que, ainda que sejam interessantes e até bem-vistas por alguns, as ações promovidas pelos programas empresariais de QVT – sobretudo as famosas cadeiras de massagem, a ginástica laboral ou as palestras de saúde – não podem ser isoladamente consideradas efetivas. Essas ações, ainda que sejam bem administradas e gerem algum resultado, não passam de ações paliativas, de redução de danos, mas não parecem se colocar diante das reais contradições e dificuldades do ambiente de trabalho. Por isso, é fundamental problematizar a própria natureza do trabalho, das altas (e, às vezes, irreais) metas, das violências organizacionais (como o assédio), dentre outros.

Em nossa visão, a QVT efetiva (e não a apenas comercial, que visa a certificações, endomarketing ou marketing externo) só será possível quando partir de um pacto entre todos pelo trabalho decente. A cooperação será um dos caminhos privilegiados para se resistir à dominação e investir na busca pela emancipação dos sujeitos por meio do trabalho. É essa cooperação que propiciará a regulação da nova ordem econômica, ao questionar a organização prescrita e suas ultraexigências, com a solidão cada vez mais presente entre as pessoas. Busca-se, assim, retirar os trabalhadores de seu isolamento, seja de ordem física ou da ordem social, resgatando o ser em relação com os outros.

O resultado é que o processo transformador do trabalho – o qual propicia a transformação dos sujeitos e a consequente transformação da sociedade – está em xeque, mas não submetido incondicionalmente a essa nova ordem. Há muito a fazer, a construir e a reconstruir, ainda que não tenhamos clareza quanto aos desdobramentos futuros das tecnologias.

É fundamental que as organizações olhem para seus trabalhadores e escutem o que eles trazem – o que significa bem-estar e o que faz a diferença para eles.

Só assim poderão ser construídos modos de atuar para a gestão da satisfação ou gestão da QVT.

Também é fundamental ter em mente que, quando se fala em gestão, fala-se de um processo aberto, dialógico, dinâmico e em constante atualização, por meio do qual se pode também romper com os modos administrativos tradicionais, típicos do taylorismo (em que o saber está no gerente, e os trabalhadores são apenas peças que precisam se ajustar) ou do toyotismo (em que se usa o saber do trabalhador para potencializar ainda mais a produção, mas sem um compromisso real de transformação do ambiente de trabalho).

Rompe-se, assim, com os clássicos e defasados modos de se atuar em QVT: as esporádicas cadeiras de massagem típicas das semanas de saúde e segurança no trabalho (que são obrigações legais), os descontos em academias de ginástica (que o funcionário raramente pode frequentar, dada sua falta de tempo, o que pode gerar ainda mais frustração), a opção de alimentação leve que é disponibilizada no restaurante da empresa, entre outros.

Além de tudo o que já foi exposto, pensar em QVT é atuar junto com todos os trabalhadores, independentemente de seu cargo, para a construção de um ambiente feliz que possa emanar à sociedade, à clientela e a outros.

QUESTÕES PARA FIXAÇÃO DO CONTEÚDO

Reflita sobre o conteúdo apresentado no capítulo e responda às seguintes questões:
1. O que é qualidade de vida no trabalho?
2. Como a 4ª Revolução Industrial impacta a qualidade de vida no trabalho?
3. Quais possibilidades de atuação do profissional de gestão de pessoas na QVT você consegue imaginar para o futuro, em diferentes contextos laborais?

REFERÊNCIAS

ALLPORT, G. W. Personality: Normal and Abnormal. **The Sociological Review**, v. 6, n. 2, p. 167-180, 1958.

ANTUNES, R. C. **Adeus ao trabalho?** Ensaio sobre as metamorfoses e a centralidade do mundo do trabalho. São Paulo: Cortez Editora; Campinas: Editora Unicamp, 1995.

BRYNJOLFSSON, E.; MCAFEE, A. **Novas tecnologias *versus* empregabilidade**. São Paulo: M. Books, 2014.

CAMILO, J. A. O. Uma análise crítica psicodinâmica das novas configurações do trabalho e do emprego na contemporaneidade. *In*: SANTOS, E. A. P.; MYRT, T. S. C. **Gestão de pessoas no Século XXI:** desafios e tendências para além de modismos, v. 1. 1. ed. São Paulo: Tiki Books, 2019.

CAREW, A. **Labour under the Marshall Plan**: The Politics of Productivity And the Marketing of Management Science. Manchester, U.K.: Manchester University Press, 1987.

CASTELLS, M. **A sociedade em rede**. São Carlos: Paz e Terra, 1999.

CSIKSZENTMIHALYI, M. **A descoberta do fluxo**: a psicologia do envolvimento com a vida cotidiana. Rio de Janeiro: Rocco, 1999.

CHIAVENATO, I. **Recursos humanos**: o capital humano das organizações. São Paulo: Editora Atlas, 2004.

DEJOURS, C. **Trabalho vivo**. Brasília: Paralelo 15, 2012.

FRANÇA, A. C. L. Qualidade de vida no trabalho: conceitos, abordagens, inovações e desafios nas empresas brasileiras. **Revista Brasileira de Medicina Psicossomática**, v. 1, n. 2, p. 79-83, Rio de Janeiro, abr./jun. 1997.

FREY, C. B.; OSBORNE, M. A. **The Future of Employment**: How susceptible are jobs to computerisation? Oxford: Martin School, 2013.

HOGAN, M. J. **The Marshall Plan**: America, Britain, and the Reconstruction of Western Europe, 1947-1952. Cambridge: Cambridge University Press, 1987.

JAMES, W. La notion de conscience. **Archives de Psychologie**, v. 5, n. 17, p. 1-12, 1906.

LACAZ, F. A. DE C. Qualidade de vida no trabalho e saúde/doença. **Ciência & Saúde Coletiva**, v. 5, n. 1, p. 151-161, 2000.

LIMONGI-FRANÇA, A. C. **Qualidade de vida no trabalho**: conceitos e práticas nas empresas da sociedade pós-industrial. São Paulo: Editora Atlas, 2003.

LIMONGI-FRANÇA, A. C. Qualidade de vida no trabalho: conceitos, abordagens, inovações e desafios nas empresas brasileiras. **Revista Brasileira de Medicina Psicossomática**, v. 1, n. 2, p. 79-83, Rio de Janeiro, abr./jun. 1997.

MASLOW, A. H. A Theory of Human Motivation. **Psychological Review**, v. 50, p. 390-396, 1943.

MINISTÉRIO DA SAÚDE. Qualidade de vida em 5 passos. Disponível em: https://bvsms.saude.gov.br/bvs/dicas/260_qualidade_de_vida.html. Acesso em: 12 fev. 2020.

MOTTA, F. C. P.; VASCONCELOS, I. F. G. **Teoria geral da administração**. São Paulo: Cengage Learning, 2002

ORGANIZAÇÃO INTERNACIONAL DO TRABALHO (OIT). O que é trabalho decente. Disponível em: https://www.ilo.org/brasilia/temas/trabalho-decente/lang--pt/index.htm. Acesso em 28 ago. 2019.

POCHMANN, M. Terceirização, competitividade e uberização do trabalho no Brasil. *In*: **Precarização e terceirização**: faces da mesma realidade. São Paulo: Sindicato dos químicos, p. 59-68, 2016.

RYFF, C. D. Happiness is everything, or is it? Explorations on the meaning of Psychological Well-Being. **Journal of personality and social psychology**, v. 57, n. 6, p. 1069-1081, 1989.

SATO, L. Recuperando o tempo perdido: a psicologia e o trabalho não regulado. **Cadernos de Psicologia Social do Trabalho**, v. 16, p. 99-110, 2013.

SCHWAB, K. **A Quarta Revoluçao Industrial**. São Paulo: Edipro, 2016.

SELIGMAN, M. E. P. **Authentic Happiness**: Using the New Positive Psychology to Realize Your Potential for Lasting Fulfillment. London: Nicholas Brealey, 2002.

SELIGMAN, M. E. P.; CSIKSZENTMIHALYI, M. Positive Psychology: An Introduction. **American Psychologist**, v. 55, p. 5-14, 2000.

VIEIRA, D. F. V. B. **Qualidade de vida no trabalho dos enfermeiros em hospital de ensino**. Dissertação (Mestrado). Programa de Pós-Graduação em Administração. Universidade Federal do Rio Grande do Sul, Porto Alegre, 1993.

11. A transformação do RH

Jussara Lemos Soares Penhalbel*

11.1 PESSOAS MOVEM NEGÓCIOS

O que é preciso para construir um negócio? Para começar, um fundador, uma boa ideia, o investimento inicial, a estrutura física e tecnológica. Porém, o que de fato vai se mover para fazer tudo acontecer são as pessoas, aqueles que vão trabalhar nesse negócio. A reflexão deste capítulo se inicia com essa afirmativa, pois é partir dela que pensaremos sobre a transformação de RH.

Antes, porém, precisamos entender a transformação das pessoas, estudando a partir da ótica social e antropológica as mudanças que têm ocorrido na sociedade e seu impacto sobre o comportamento humano.

Temos vivenciado no dia a dia a evolução das tecnologias, que transformam nossos hábitos e rotinas com uma velocidade incrível. O primeiro computador voltado ao usuário final, foi lançado em 1981 pela IBM. A internet foi criada em 1969, porém, seu uso comercial nos Estados Unidos aconteceu somente em 1987. No Brasil, essa tecnologia passou a ser comercializada apenas em 1995. A Apple lançou seu primeiro iPhone, em 2007, e a partir daí uma nova fronteira se abriu: a otimização de recursos tecnológicos e a ampliação das possibilidades de disseminação de conhecimento no mundo se ampliaram absurdamente, em escala quase sem limites. Em 2011, a IBM lançou o IBM Watson, uma inteligência artificial

---

* Graduada em psicologia pela Universidade Metodista de São Paulo (UMESP), pós-graduada em finanças pela Fundação Getúlio Vargas (FGV), com MBA em gestão de pessoas pela mesma instituição. Possui experiência de quase vinte anos na área de recursos humanos, com foco nos temas de desenvolvimento organizacional (principalmente em empresas do segmento aéreo e bancário), atração e seleção de talentos, educação corporativa, gestão de clima e cultura organizacional, entre outros. Atualmente, é docente dos cursos de extensão de recursos humanos na PUC-SP. Contato: ju_ssara@hotmail.com.

para negócios. A cada ano que passa, a capacidade computacional se multiplica. Segundo Ismail, Malone e Geest (2015), em 2005, havia 500 milhões de dispositivos conectados à internet. Em 2015 havia cerca de oito bilhões, em 2020 este número chegará a 50 bilhões e, uma década depois, teremos um trilhão de dispositivos conectados à internet, à medida que, literalmente, todos os aspectos do mundo estiverem habilitados para a internet das coisas (IoT).

Essa escala sem precedentes de evolução tecnológica altera substancialmente todos os setores da economia. À medida que as novas tecnologias e os novos recursos são otimizados, possibilitam-se inovações em todos os setores, tais como medicina, agronomia, educação, engenharia, produção industrial, finanças, serviços, etc. Essa possibilidade de integrar tecnologias e permitir o crescimento exponencial das organizações foi nomeada de Indústria 4.0 ou Revolução 4.0, conforme explicado por Santos *et al* (2018, p. 111).

> A evolução das tecnologias de informação e sua introdução nos processos de produção está transformando a indústria tradicional, elevando-a para um novo patamar de desenvolvimento organizacional. A fim de aproveitar os benefícios dessas tecnologias para fortalecer a competitividade no mercado global, uma mudança de paradigma na fabricação está sendo discutida em todo mundo. Indústria 4.0 ou 4ª Revolução Industrial são alguns dos termos utilizados para descrever a implementação de dispositivos "inteligentes" que podem se comunicar de forma autônoma ao longo da cadeia de valor.

No artigo *Implementation Strategy Industrie 4.0*, publicado em 2016 pela Bitkom, o termo Indústria 4.0 define a concepção do próximo estágio da organização, baseado no controle de todo o fluxo de valor ao longo do ciclo de vida de um produto. Esse ciclo é baseado no aumento da individualização dos desejos do consumidor – desde a ideia, passando pela organização, desenvolvimento, produção e entrega ao cliente final, até a reciclagem e serviços relacionados. Além disso, a disponibilidade em tempo real de todas as informações relevantes torna-se fator fundamental, pois alimenta todas as instâncias envolvidas na criação de valor e permite extrair o melhor fluxo de valor possível. Conectando pessoas, objetos e sistemas, cria-se uma dinâmica que otimiza, em tempo real, questões como custos, disponibilidade e consumo de recursos.

Nesse cenário, há uma mudança nos métodos de trabalho, que exige uma alta capacidade de adaptação, elevados níveis de flexibilidade e resiliência por parte dos profissionais. A habilidade de se adaptar constantemente para fazer as coisas de um jeito diferente e para aprender novos conceitos, novas técnicas e novas tecnologias torna-se imprescindível no século XXI.

Com a oferta de dados em tempo real, pode-se monitorar a venda de produtos e o comportamento dos consumidores, por exemplo. Com isso, novos aprendizados são adquiridos a cada minuto, e mudanças de estratégia podem ser feitas instantaneamente, com base no impacto de uma notícia ou na opinião de influenciadores em redes sociais. Por isso, a agilidade no aprendizado torna-se um pré-requisito para a continuidade dos negócios. A capacidade de analisar e correlacionar dados pode influenciar a mudança de um produto, ou a criação de um novo modelo de negócio para atender uma necessidade latente do consumidor. Um exemplo de aplicação de aprendizado contínuo por meio dos dados são as câmeras de segurança na China, que já detectam, via reconhecimento facial, a expressão e a reação das pessoas ao observar um produto em uma loja, permitindo assim que sejam criadas estratégias de venda, de acordo com as informações captadas.

Todo esse movimento de conexão, análise de dados, inteligência artificial e mudanças no comportamento social impactam diretamente os indivíduos e as organizações. De acordo com Longo (2019, p. 69),

> A revolução não acontece quando a sociedade adota novas ferramentas, e sim quanto adota novos comportamentos inspirados por elas. Por isso, já não faz sentido falar de armas digitais, o que vale agora é ter uma alma digital. Não existe mais *on-line* e *off-line*, porque a presença da conectividade é constante.

Quando remetemos essa transformação de comportamentos para as organizações, percebemos uma mudança nos mecanismos de poder. Atualmente, uma marca cresce quando seus próprios funcionários e usuários a promovem, falam sobre ela, fazem comentários e compartilham experiências com os amigos ou com a comunidade digital, o que gera uma imagem, fruto dessa experiência com a organização. Se as experiências dos colaboradores no geral, são positivas pois se sentem respeitados, tratados dignamente, são reconhecidos e têm espaço para se desenvolver, essa reputação tende a se perpetuar no imaginário das pessoas. A partir daí, uma série de consequências impactam a empresa: pessoas buscam oportunidades para trabalhar nela, pois se sentem atraídas; a popularidade desperta a curiosidade, que leva ao consumo de seus produtos; e pode-se até gerar um ciclo virtuoso de expansão de clientes e resultados. Por isso, a experiência individual de um funcionário conta muito durante sua jornada de carreira na organização.

Partindo dessas reflexões, a transformação do RH, ou o RH 4.0, nasce com algumas missões nobres, tais como:

» equacionar a cultura organizacional, para acelerar as mudanças;
» conciliar a transição de carreira das muitas funções que passam a não existir mais;
» acelerar o processo de aprendizado de temas relevantes que auxiliem a organização a se manter competitiva e atualizada;
» capacitar e orquestrar a liderança da empresa, para que, em sintonia e de forma protagonista, seja um agente de transformação e disseminação de cultura e práticas;
» construir a experiência do colaborador com base na missão e no propósito da organização.

Para que tudo isso aconteça, o *mindset* do profissional de recursos humanos precisa se atualizar. Sua mentalidade precisa se conectar às transformações e aos novos métodos de trabalho. É preciso aprender novas tecnologias, entender do negócio, da economia e, acima de tudo, entender o ser humano. Não há uma receita pronta. Cada um vai precisar refletir sobre os seus desafios e o contexto em que está inserido, para desenhar o melhor modelo de atuação de RH que se aplique a esse universo.

Afinal, é preciso gerenciar com maestria a pluralidade da legislação e garantir os mecanismos administrativos e operacionais básicos de RH, ao mesmo tempo em que se equacionam projetos de desenvolvimento, de carreira, de gestão, de propósito, de clima, de cultura e de qualidade de vida. Tudo isso a fim de abarcar o conjunto de expectativas da organização e das pessoas, construindo uma experiência ao colaborador que preze, principalmente, pelo respeito, pela ética e pela justiça. Com base nesse contexto, temos alguns pontos de reflexão que podem auxiliar nessa releitura da atuação e da missão da área de RH.

11.1.1 A voz do colaborador

Com o avanço da tecnologia e a popularização da internet e dos smartphones, o mundo foi inundado por uma massiva onda de opiniões em redes sociais e outros meios de comunicação, o que tem transformado as relações de poder na sociedade. Hoje, as pessoas têm voz, produzem vídeos, aventuram-se na criação de conteúdo, fazem tutoriais e até as crianças se manifestam na rede. Vemos, cada vez mais, o crescimento do número de pessoas famosas por causa da internet, que se tornam verdadeiros ícones e influenciadores de massas.

Esses avanços têm nos mudado como seres humanos, já que temos valorizado cada vez mais a presença dos elementos tecnológicos em nossa vida. Por exemplo, uma pesquisa realizada pela Apple em 2016 calculou que, em média, uma pessoa desbloqueia o seu smartphone 80 vezes por dia. Essa dependência tecnológica, muitas vezes, limita ou influencia as ações das pessoas, como alguém que estaciona o carro porque a bateria do celular acabou e, sem o GPS, não sabe para onde ir; ou alguém que decide comprar algo por causa das opiniões de usuários na internet sobre o produto, dentre muitos outros exemplos.

Por outro lado, essas tecnologias permitem nos conectarmos apesar das distâncias, ajudam-nos a relembrar eventos importantes, organizar o trabalho, transmitir informações, manter históricos e multiplicar o acesso ao conhecimento.

Nesse quesito, as novas tecnologias permitem pesquisar informações sobre empresas e pessoas em segundos. Antigamente, tínhamos acesso a informações sobre as empresas por meio de suas campanhas de marketing e divulgações oficiais. Hoje em dia, a reputação está na internet, construída pela opinião das pessoas, o que constitui uma democratização do poder e do acesso à informação. Qualquer um pode manifestar sua opinião sobre uma instituição e avaliá-la em aspectos como remuneração, oportunidades de carreira, ambiente de trabalho e gestão, dados que antes ficavam restritos a uma declaração que a própria empresa fazia sobre si no seu site corporativo.

A democratização do poder está em toda parte. A opinião das pessoas sobre produtos ou serviços tornou-se um ativo de alavancagem ou depreciação de negócios, e as empresas perceberam que conseguem atrair mais clientes se, de fato, ouvirem suas reais necessidades e personalizarem seus produtos.

Segundo um artigo da McKinley & Company, a customização em massa tem sido obrigada a alcançar altos níveis de sofisticação. A próxima onda de customização em massa – a construção de um produto único para cada consumidor (por exemplo, customizar ternos e camisas de acordo com o formato corporal do cliente) – já está no horizonte, mas ainda enfrenta obstáculos para alcançar a lucratividade em escala. Os dois grandes desafios residem em identificar oportunidades de customização que criem valor para o cliente (que atendam suas necessidades de forma suave e rápida, sem encarecer a transação) e que alcancem uma estrutura de custos e um nível de despesas que possam ser aprimorados, mesmo quando a complexidade da fabricação aumentar.

Fazendo um paralelo entre esse exemplo de customização industrial e as pessoas nas organizações, o padrão de comportamento não é diferente: as pessoas buscam, cada vez mais, se sentirem únicas e valorizadas por suas características e necessidades individuais. Por isso, é preciso dar voz aos colaboradores, permitir que escolham os benefícios que mais lhes atraem e como podem compor o pacote, ou permitir a participação em projetos multidisciplinares, conforme seus níveis de interesses, nos quais sua opinião tenha relevância e contribua para processos de decisão. Captar opiniões e permitir que as pessoas participem pode potencializar o senso de responsabilidade sobre os resultados, à medida que aumenta o senso de pertencimento.

11.1.2 Promover a agilidade organizacional

As equipes são as principais promotoras da agilidade organizacional. Por meio da diversidade, da captação de ideias e da construção coletiva, as organizações podem se beneficiar de aspectos de inovação e da ampliação de seus resultados. Segundo Moreira (2018, p. 217),

> Trabalhar colaborativamente e com equipes multidisciplinares oportuniza um olhar mais vasto, interpretações diversas e discussões menos tendenciosas. A heterogeneidade da cocriação permite, assim, indicações de caminhos menos óbvios e cartesianos, pois a discussão aproxima as iterações do pensamento crítico e afasta-se da linearidade confortável e previsível que tende a seduzir nossas mentes.

Aprender continuamente e aprender com os erros são mecanismos cada vez mais necessários para manter a organização atualizada e em processo evolutivo. Promover um ambiente de confiança que desperte esses valores nas pessoas, retroalimentando-o com os aprendizados, é o que mantém a cultura altamente produtiva. Técnicas aplicáveis de Scrum e/ou metodologias ágeis desenvolvem novas configurações da forma de pensar e produzir, e cabe à área de recursos humanos inspirar, disseminar e capacitar as pessoas em metodologias e processos de trabalho que contribuam para o aumento da produtividade em todas as áreas da empresa. De acordo com Sutherland (2014, p. 31),

As equipes Scrum que trabalham bem conseguem obter a "hiperprodutividade", o que é difícil acreditar, mas é possível ver uma melhora entre 300% e 400% na produtividade entre as que executam bem o Scrum. As que melhor se desenvolvem atingem um aumento de até 800% na produtividade, e repetem o mesmo sucesso várias vezes. Além disso, elas também conseguem mais que dobrar a qualidade do trabalho.

Viabilizar mecanismos que contribuam para a agilidade organizacional é tarefa da área de recursos humanos e envolve cuidar da liderança e do ambiente organizacional, bem como captar a percepção das pessoas sobre os comportamentos que impulsionam e estimulam esses elementos no dia a dia. Além disso, também faz parte da missão do RH trabalhar com a gestão às resistências e contribuir para maior flexibilidade e um modelo mental de melhoria contínua e crescimento.

11.1.3 Fornecer suporte emocional

Em um mundo em transformação social, onde as pessoas estão experimentando novos sentimentos e emoções, assim como mudanças no convívio social impulsionadas pela tecnologia, o trabalho – um lugar de relações, de pertencimento e pertinência, onde muitas vezes as pessoas passam mais tempo do que com sua própria família – ganha importância, ampliando o seu espaço de expressão, de afetos e de realizações. Por esses fatores, ações organizacionais que instiguem autoconhecimento, suporte emocional, promoção de amizades, potencialização da individualidade e respeito à diversidade são mecanismos importantíssimos para os quais o RH deve atentar.

Ambientes nos quais as pessoas sentem que têm um amigo, alguém com quem podem contar no caso de dificuldades, são mais produtivos e permitem maior colaboração e engajamento organizacional. As pesquisas organizacionais do instituto Gallup comprovam estatisticamente uma correlação direta entre ter um amigo no trabalho e ter um desempenho produtivo na organização, conforme entrevista feita por Daniela Frabasile, da revista *Época Negócios*, com Annamarie Mann, da Gallup:

> Nossa pesquisa mostrou repetidamente uma ligação concreta entre ter um melhor amigo no trabalho e a quantidade de esforço que o funcionário coloca no emprego. Vivemos em uma época em que a maioria dos funcionários espera mais do que o salário de seus empregos. O pagamento ainda importa, é claro, mas os profissionais buscam empresas que tenham culturas organizacionais

excepcionais. Há muitas coisas que se buscam nessa cultura, mas normalmente algumas características são o sentimento de confiança, de pertencimento e de inclusão. E se passamos mais tempo no trabalho do que em casa, é natural querer construir relações com os colegas. Queremos sentir que o trabalho vale a pena, e ter confidentes e apoiadores ajuda a desencadear esse sentimento. Queremos poder falar com os colegas para celebrar e lamentar coisas de nossa vida pessoal e profissional. Sem isso, o trabalho pode parecer solitário e isolador.

Nesse sentido, a área de RH pode contribuir ao construir projetos, eventos e instrumentos de gestão que potencializem ações para a promoção de integração, sinergia, relações interpessoais produtivas, diversão, felicidade e produtividade: fatores estratégicos, que possivelmente impactarão o clima organizacional.

11.1.4 Entender do negócio

Para que área de RH contribua de maneira construtiva e relevante para o negócio, é preciso entender o que a empresa faz, quais são as dificuldades do mercado, como está o cenário econômico e qual é a percepção dos clientes sobre a marca. Afinal, o NPS (*net promoter score*, ou índice de satisfação do consumidor) está totalmente relacionado à forma como os clientes se sentem atendidos pelos colaboradores e como avaliam os processos de atendimento da empresa. Isso é pura gestão de pessoas, uma vez que quem atende o cliente são as pessoas, e quem desenha os processos para atender os clientes também são as pessoas.

O RH precisa estar na mesa da estratégia, participar das decisões, fornecer informações relevantes ao *board* executivo sobre o impacto das suas ações, realizar as comunicações no dia a dia com as pessoas e, habilmente, de forma ágil, ajustar os rumos organizacionais.

11.1.5 Processos de RH inúteis ou processos que fazem sentido?

Os processos de RH estão focados em resolver problemas ou em controlar pessoas? Uma postura de RH controlador, que fiscaliza o horário de trabalho, por exemplo, está ficando cada vez mais para trás, conforme aumenta a maturidade de cada organização. Porém, com a evolução das empresas, é cada vez mais urgente que o RH atualize sua postura e aquilo que valoriza. A palavra valoriza, aqui, tem a ver com valor: aquilo a que dou valor, aquilo que de fato importa no trabalho.

Por exemplo, vale a pena exigir que um funcionário preocupado com uma questão de saúde em sua família cumpra rigorosamente o horário de trabalho e tenha um desempenho aquém do esperado? Não seria melhor ajudá-lo a resolver a questão de saúde e permitir que entre um pouco mais tarde no trabalho? Será que assim não se sentiria grato e respeitado pela empresa, desejando retribuir de maneira comprometida com o trabalho? Esse é um exemplo simples, mas que pode extrapolar para várias situações de processos em RH.

Com a digitalização cada vez mais disseminada, é possível automatizar procedimentos burocráticos, reduzir papéis e, ao mesmo tempo, cumprir as obrigações trabalhistas. Essa mudança requer estudo da equipe de RH, investimento de tempo para revisar fluxos de trabalho e processos, além de investimentos em sistemas e automatizações. Com tempo livre e eficiência, é possível dedicar-se ao ser humano, ouvir suas necessidades, conhecer as pessoas e trabalhar no contínuo aprimoramento das práticas de RH.

11.1.6 *Home office*: a era da confiança

A confiança é a base das relações, e a relação de trabalho exige confiança mútua para que o vínculo perdure. O que se tem observado nas práticas de organizações abertas à inovação é que, quanto maior for a confiança entre a empresa e o funcionário, quanto mais leve e flexível for o ambiente de trabalho, sem controles rígidos, maior é a produtividade e a geração de processos inovadores e que favorecem a criatividade.

Uma das práticas que se tem intensificado nas organizações é a adoção do *home office*, ou trabalho remoto. Nesse processo, a pessoa pode trabalhar de onde estiver, pois o que importa é sua produção, e não necessariamente sua presença física na empresa. Essa prática requer uma mudança de paradigma dos gestores, assim como confiança, desprendimento e maturidade de ambos os lados. Como a tecnologia permite a réplica do ambiente de trabalho, bastando uma conexão com a internet, por que não permitir que os colaboradores usufruam dessa facilidade? Além do ganho comprovado de produtividade, o empregado desfruta de maior qualidade de vida, pois à medida que passa mais tempo em casa, convive mais com sua família e reduz o tempo de deslocamento no transporte. Algumas organizações e/ou gestores ainda relutam em aderir ao *home office* por temerem que as equipes não alcancem o mesmo nível de produtividade, atendimento ou eficiência. O RH, portanto, tem a missão de facilitar essas experiências e promover reflexões quanto à produtividade e aos valores que realmente importam.

11.1.7 Direcionamento de propósito

O RH exerce um papel fundamental na construção e disseminação do propósito organizacional. Proporcionar aos colaboradores a visão do todo, a visão estratégica, ajuda a direcionar o negócio e conferir sentido e significado às pessoas. Além do propósito organizacional, o RH exerce um papel importante ao construir ferramentas e estímulos que permitam conectar as pessoas aos seus próprios sonhos e propósitos individuais. Cada vez mais, as pessoas buscam trabalhar pelo que acreditam e por aquilo com que se identificam, ainda que muitas tenham condições limitadas de exercer os seus sonhos. O RH pode agir como um promotor e catalizador de sonhos e oportunidades de carreira.

11.1.8 Fortalecimento da cultura organizacional

A cultura organizacional é como um organismo vivo e dinâmico, que age e reage conforme o comportamento de cada uma das células que o compõem, num fluxo contínuo e não linear. Estar atento às mudanças de comportamento e aos direcionamentos do que é esperado para a cultura organizacional é uma tarefa contínua, não só de recursos humanos, mas de todos os gestores. Afinal, a cultura é construída pelo conjunto de atitudes individuais que formam o todo.

Segundo Taylor (2005), cultura é o que é criado a partir das mensagens que são recebidas sobre como as pessoas devem se comportar. Culturas se desenvolvem em cada comunidade de pessoas que convivem um tempo juntas e que são unidas por objetivos, crenças, rotinas, necessidades e valores compartilhados.

Diagnosticar, entender o significado de comportamentos coletivos e trabalhar um reposicionamento das atitudes é uma missão que acompanha a agenda estratégica do RH e do negócio, afinal as transformações somente serão realizadas se a cultura vigente reforçar o comportamento. Caso contrário, qualquer mudança organizacional é praticamente impossível de acontecer.

11.1.9 Saúde e equilíbrio

Tanta tecnologia, em tudo ao nosso redor, tem tornado a vida de muitas pessoas mais sedentária e, muitas vezes, mais solitária. Estatísticas demonstram o aumento crescente dos índices de depressão e ansiedade. Os brasileiros têm a maior taxa de depressão da América Latina e a segunda maior das Américas, segundo a OMC. Esses dados são um alerta sobre o que precisamos cuidar nas organizações.

Quanto mais a organização contribuir para a promoção da saúde e do bem-estar – por meio de atividades coletivas, momentos de diversão e convivência, salas de descompressão e ações que promovam o autoconhecimento e a liberação de emoções e sentimentos –, mais contribuirá para a sociedade e para a saúde de seus colaboradores.

Por propiciarem momentos de alegria diretamente relacionados a aspectos biológicos, tais como a produção de hormônios da felicidade, um conjunto de iniciativas como essas, consequentemente, tem impacto direto nos indicadores de saúde e nos custos médicos com sinistralidade, além de retornar maiores níveis de produtividade. Já é comprovado pela medicina que situações de estresse aumentam imediatamente os níveis de cortisol, ao passo que certas situações, tais como se exercitar, abraçar ou viver uma experiência positiva em relação a uma meta realizada, contribuem para o aumento dos níveis de endorfina, ocitocina, dopamina e serotonina, os hormônios da felicidade.

11.1.10 Diagnósticos organizacionais e *people analytics*

O RH tem muito a se beneficiar com o processo evolutivo do tratamento de dados. Uma habilidade que tem muito a ser aprimorada pelos profissionais de recursos humanos é aprender a trabalhar com dados de pessoas para produzir *insights* e conclusões para os processos de tomada de decisão.

O primeiro passo para tornar essa missão realidade é aprimorar a capacidade de fazer perguntas. Na busca pelas respostas, encontram-se *insights* preciosos para a organização. Por exemplo, considere as seguintes indagações:

Será que um clima organizacional favorável à felicidade se correlaciona com o aumento da produtividade?

Um projeto construído e executado por um grupo multidisciplinar aumenta os níveis de eficiência organizacional?

Como a disposição dos móveis e o *layout* do ambiente de trabalho impacta a comunicação e a produtividade?

Após o primeiro passo, que é criar indagações como essas, é preciso buscar respostas de maneira habilidosa, respeitosa, ética e coerente. Para respondê-las, precisamos de um conjunto de indicadores e métricas que possam ser correlacionados para resultar em uma conclusão.

11.1.11 Foco na experiência do colaborador: um olhar humano

Por fim, integrando todas as visões de interação do RH com o colaborador e seu gestor, construímos uma experiência completa. A experiência do colaborador se constrói a partir das múltiplas relações, dos discursos ditos e praticados no relacionamento com os gestores, assim como nas solicitações e interações com a equipe de recursos humanos.

Entendemos experiências, aqui, como todos os momentos de interação: desde o primeiro contato do colaborador com a organização, o processo seletivo, sua admissão, o decorrer da carreira profissional, os processos de desenvolvimento, sua avaliação e até sua saída. Porém, como garantir que ele tenha uma excelente experiência em toda sua história com a organização? Não temos garantias e nem controle sobre 100% da sua experiência, afinal o colaborador também é um coautor dessa relação, e suas escolhas podem culminar em consequências específicas. No entanto, talvez a missão do RH seja entender a diversidade e a complexidade dos seres humanos, contribuindo para desenvolver ferramentas que ajudem a organização a voltar seu olhar para a riqueza, a complexidade e a amplitude que é lidar com as pessoas.

QUESTÕES PARA FIXAÇÃO DO CONTEÚDO

Reflita sobre o conteúdo apresentado no capítulo e responda às seguintes questões:
1. Como você avalia a transformação do RH na sua organização?
2. Que ações o RH na sua organização poderia promover a fim de estimular a produção dos hormônios da felicidade?
3. Que ações o RH na sua organização poderia promover a fim de contribuir para a agilidade organizacional?

REFERÊNCIAS

BBC NEWS. Os hormônios da felicidade: como desencadear efeitos da endorfina, oxitocina, dopamina e serotonina. Disponível em: https://www.bbc.com/portuguese/geral-39299792. Acesso em: 1 dez. 2019.

BITKOM. Implementation Strategy Industrie 4.0: Report on the Results of the Industrie 4.0 Platform. Disponível em: https://www.bitkom.org/Bitkom/Publikationen/Implementation-Strategy-Industrie-40-Report-on-the-results-of-the-Industrie-40-Platform.html. Acesso em: 9 fev. 2020.

DEMARTINI, M. Apple expõe quantas vezes ao dia você desbloqueia seu iPhone. Disponível em: https://exame.abril.com.br/tecnologia/apple-revela-quantas-vezes-voce-desbloqueia-seu-iphone. Acesso em: 1 dez. 2019.

FRABASILE, D. Por que precisamos ter um melhor amigo no trabalho. Disponível em: https://epocanegocios.globo.com/Carreira/noticia/2018/07/por-que-precisamos-ter-um-melhor-amigo-no-trabalho.html. Acesso em: 9 fev. 2020.

GANDHI, A; MAGAR, C. ROBERTS, R. How technology can drive the next wave of mass customization. Disponível em: https://www.mckinsey.com/~/media/mckinsey/dotcom/client_service/bto/pdf/mobt32_02-09_masscustom_r4.ashx. Acesso em: 5 dez. 2019.

ISMAIL, S., MALONE, M. S., GEEST, Y. V. **Organizações Exponenciais:** Porque elas são 10 vezes melhores, mais rápidas e baratas que a sua (e o que fazer a respeito). São Paulo: HSM Editora, 2015.

LONGO, W. **Marketing e comunicação na era pós-digital**. As regras mudaram. Rio de Janeiro: Alta Books, 2019.

MELLIS, F. Dia da Saúde Mental: Brasil lidera rankings de depressão e ansiedade. Disponível em: https://noticias.r7.com/saude/dia-da-saude-mental-brasil-lidera-rankings-de-depressao-e-ansiedade-10102019. Acesso em: 1 dez. 2019.

MOREIRA, B. R. **Guia Prático do *Design Thinking*** (e-book). [s. l.]: [s. n.], 2018.

SANTOS, B. P. *et al*. Indústria 4.0: Desafios e Oportunidades. **Revista Produção e Desenvolvimento**, v.4, n.1, p. 111-124, 2018. Disponível em:https://revistas.cefet-rj.br/index.php/producaoedesenvolvimento/article/view/e316/193. Acesso em: 9 fev. 2020.

SUTHERLAND, J.; **Scrum**: a arte de fazer o dobro do trabalho na metade do tempo. São Paulo: Sextante, 2014.

SILVA, L. W. Internet foi criada em 1969 com o nome de "Arpanet" nos EUA. Disponível em: https://www1.folha.uol.com.br/folha/cotidiano/ult95u34809.shtml. Acesso em: 9 fev. 2020.

TAYLOR, C. **Walking the Talk**. Nova York: Random House Business Books, 2005.

Considerações finais

Rápido avanço tecnológico, novas formas de comunicação e interação, mudanças sociais que impactam e modificam o cenário organizacional de forma constante – como vimos nestas páginas, as transformações sociais da atualidade exigem dos profissionais de todas as áreas e, principalmente, das áreas de gestão de pessoas, a busca por novas formas de trabalho e o desenvolvimento de novas habilidades e competências.

Em nosso dia a dia, vemos a riqueza de profissionais com ambições, desejos e trajetórias de carreira, pessoas em uma busca constante pela inovação, pela criatividade e pela disrupção. Como consequência, as organizações têm, cada vez mais, se preocupado não apenas com as atividades que desenvolvem, mas com o capital humano, pois já aprenderam que é por meio do despertar do interesse dos colaboradores que conseguem alcançar os resultados esperados e garantir vantagem competitiva.

Assegurar um ambiente de trabalho inspirador é um desafio diário. A área de gestão de pessoas se reinventa, como se pôde notar nos capítulos anteriores, com novos investimentos e inovações, além de estar mais sensível e disposta a olhar para os cenários internos das organizações. Os CEOs preveem diversos desafios para a gestão de pessoas, almejando que essa área seja um parceiro consultivo e estratégico, capaz de fortalecer a imagem da organização como marca empregadora. O RH precisa buscar a tecnologia para agilizar atividades e estreitar laços, tendo um papel mais preditivo, utilizando dados e fatos sem perder de vista a humanização, a fim de gerar a melhor experiência para o profissional. Um parceiro que realize uma gestão integrada dos talentos e atue para a formação de lideranças e sucessores.

Exige-se uma cultura digital, inovadora e analítica, que propicie um ambiente de parceria entre a tecnologia e as pessoas, com novos papéis, responsabilidades e adaptações. Quando se entende efetivamente o que é relevante para os profissionais, é possível realizar entregas de valor, que mudem suas vidas para melhor.

Fernanda Perrin, da *Folha de S.Paulo*, analisa dados da Organização Internacional do Trabalho (OIT) que mostram que desde 2010 o número de robôs industriais cresce a uma taxa de 9% ao ano. Ela também divulga a previsão do Fórum Econômico Mundial, de que entre 2015 e 2020 serão extintos 7,1 milhões de empregos no mundo, principalmente aqueles relacionados a funções administrativas e industriais. Esse processo não é novo, pois trata-se de algo semelhante ao que ocorreu na Revolução Industrial. Porém, com muito mais velocidade e intensidade.

Podemos nos perguntar: as pessoas ainda são e serão necessárias? Ou as máquinas dominarão o mercado de trabalho? Tudo aponta para o crescimento da importância do papel dos profissionais, por meio do desenvolvimento de novas habilidades e *soft skills* que as máquinas não são capazes de executar, tais como o pensamento analítico, o aprendizado ativo, o design tecnológico, a criatividade, a originalidade, a inteligência emocional, a tomada de decisão assertiva, a resolução de problemas complexos e a liderança.

A automação é um processo sem volta, e estima-se que 65% das crianças que hoje estão no ensino fundamental terão empregos que ainda nem existem, segundo Alicia Bárcena, chefe da Comissão Econômica para a América Latina, em debate na Organização das Nações Unidas (ONU). Uma pesquisa global desenvolvida pelo Instituto Gartner, citada em artigo do site IT Forum 365, afirma que a inteligência artificial vai criar 2,3 milhões de empregos em 2020, enquanto irá eliminar 1,8 milhão. Com isso, podemos prever que o mercado ainda vai mudar muito e nos levará a lugares que não podemos imaginar.

Como profissionais e gestores de recursos humanos, precisamos aprender a lidar com esse cenário e nos preparar para este futuro que já é mais do que presente. A melhor forma de nos prepararmos para este novo mercado é prestar atenção às transformações que estão acontecendo, reconhecendo nelas a semente do futuro. Tendências de consumo, educação, meio acadêmico, obtenção de renda, novas profissões e ambiente de trabalho nos dão uma dica do que está por vir.

Particularmente, entendo que o papel da área de gestão de pessoas é ser um agente transformador das capacidades organizacionais e auxiliar, estrategicamente, na gestão da mudança. A área precisa promover e acelerar a mudança do capital humano, definindo políticas e práticas que estimulem o ambiente criativo de aprendizado e a produção de ideias, criando um ambiente propício ao compartilhamento de informações.

Considerações finais

Para ser um agente de mudança, é necessário entender a cultura, a estratégia e o estágio de evolução da organização. Porém, além de ser um agente de mudança, as áreas de gestão de pessoas precisam transformar os gestores em seus parceiros, a fim de que as melhores práticas permeiem toda a organização. Isso é alcançado à medida que se preparam os gestores e executivos para não serem inibidores da dinâmica organizacional, nem redutores da capacidade de atração e desenvolvimento de profissionais, mas para que se tornem os reais responsáveis pela gestão de capital humano, tratando os profissionais como ativos e propulsores dos melhores resultados. Para isso, é necessário entender que funções diferentes requerem perfis específicos, e que indivíduos de diferentes gerações podem necessitar de motivações diversas, além de participar da definição e do gerenciamento eficaz de todo o ciclo e experiência dos profissionais, desde a atração até a demissão, entendendo a importância de garantir uma boa experiência do colaborador.

Diante desse cenário, a área de gestão de pessoas precisa propor ações que auxiliem na sustentabilidade das empresas, dentro e fora delas, por meio de gestão do conhecimento e transferência de experiências. A fim de garantir que a estratégia da área esteja alinhada às estratégias da organização, o planejamento estratégico da gestão de pessoas deve perpassar aspectos-chave da estratégia corporativa.

Sabemos que esse é um grande desafio, pois para criar e manter um clima propício para o desenvolvimento pleno é preciso buscar alternativas e, mais do que isso, permitir que a própria cultura organizacional auxilie, para que o CEO e todas as lideranças façam gestão pelo exemplo: reconheçam, empenhem-se, dediquem-se, estabeleçam comunicações transparentes, saibam gerenciar conflitos e incentivem o equilíbrio entre a vida profissional e pessoal.

Na era da gestão do conhecimento, as organizações precisam compreender que para garantir sua sustentabilidade é necessário implantar o gerenciamento dos seus ativos intangíveis, o que é conseguido por meio do desenvolvimento e da capacitação dos seus colaboradores, para que consigam enfrentar os desafios presentes e futuros. O capital humano, que compõe parte essencial dos ativos intangíveis, é a grande fonte de inovação e perenidade das organizações.

Sabemos que o caminho é longo e desafiador, pois a capacidade adaptativa dos colaboradores e das organizações é, e será, de extrema relevância. Não há receita, nem mapa do caminho, mas sim um cenário em constante mudança, a ser criado, construído, cocriado e reinventado.

Uma boa trajetória para todos nós!

Eryka Paulino

REFERÊNCIAS

IT FORUM 365. Até 2020, IA criará mais empregos do que eliminará, diz Gartner. Disponível em: https://www.itforum365.com.br/2020-ia-mais-empregos-gartner/. Acesso em: 12 fev. 2020.

ORGANIZAÇÃO DAS NAÇÕES UNIDAS (ONU). Com evolução tecnológica, 65% das crianças terão empregos que ainda não existem, diz CEPAL. Disponível em: https://nacoesunidas.org/com-evolucao-tecnologica-65-das-criancas-terao-empregos-que-ainda-nao-existem-diz-cepal/. Acesso em: 12 fev. 2020.

PERRIN, F. Automação vai mudar a carreira de 16 milhões de brasileiros até 2030. Disponível em: https://www1.folha.uol.com.br/mercado/2018/01/1951904-16-milhoes-de-brasileiros-sofrerao-com-automacao-na-proxima-decada.shtml. Acesso em: 12 fev. 2020.

Sobre a organizadora

Juliana A. de O. Camilo   Graduada em psicologia pela Universidade São Francisco (USF), mestre e doutora em psicologia social pela Pontifícia Universidade Católica de São Paulo (PUC-SP). Atualmente, é pós-doutoranda na Universidade de São Paulo (USP). É docente no Departamento de Psicologia Social da PUC-SP e coordenadora de diferentes cursos de gestão na Coordenadoria Geral de Especialização, Aperfeiçoamento e Extensão (Cogeae) dessa instituição. É também professora titular da Universidade Paulista nos cursos de gestão de pessoas. Coordena pesquisadores do Brasil e de Portugal da Red Iberoamericana de Investigación en Trabajo, Género y Vida Cotidiana (Tragevic), vinculada à Asociación Universitaria Iberoamericana de Postgrado (Auip). É filiada à Red Iberoamericana de Psicología de las Organizaciones y del Trabajo (Ripot) e à Asociacion Española de Investigacion Social Aplicada al Deporte (Aeisad). É também convidada do grupo de trabalho de psicologia do esporte vinculado à Associação Nacional de Pesquisa e Pós-Graduação em Psicologia (Anpepp).

Possui vasta experiência na área de recursos humanos, desenvolvendo e implementando soluções específicas capazes de dar sustentação ao varejo, ao *contact center* e à área industrial. Atua na coordenação, no desenvolvimento e na implementação de ações diversas em T&D (treinamento de vendas, programas de formação, etc.), de programas de saúde do trabalhador e de recrutamento e seleção (recolocação, estruturação do processo de recrutamento interno, etc.), bem como de pesquisa de clima (para 70 mil funcionários) com a metodologia Great Place to Work. Contato: jacamilo@pucsp.br.